나는 자연인이다

트럭운전사 자연인 안최호

도서출판 청람서루

나는 자연인이다
트럭운전사 자연인 안최호

나는 자연인이다
트럭운전사 자연인 안최호

인　　쇄 : 2025년 11월 9일
발　　행 : 2025년 11월 15일
지 은 이 : 안최호
발 행 인 : 김왕식
편 집 장 : 김학우
편집위원 : 이하늘
펴 낸 곳 : 도서출판 청람서루
등록번호 : 제 2024-000136호
주　　소 : 경기도 고양시 일산동구 탄중로 429 성지프라자 4층
전　　화 : 031-919-2505
이 메 일 : wangsik59@naver.com
I S B N : 979-11-989851-4-9
가　　격 : 18,000원

이 책은 저작권법에 따라 보호받는 저작물이므로 무단전재와 무단복제를 금지합니다.
잘못된 책은 구입하신 서점에서 바꿔드립니다.

나는 자연인이다
트럭운전사 자연인 안최호

_____님에게

사랑하기에도 짧은 시간들
서로에게 힘이 되고 위로가 되는
따뜻한 동행이 되고자
이 책을 드립니다.

년   월   일

_____

"청람문학은 말보다 사람을, 문장보다 진심을 우선하며, 깊이와 울림으로 삶을 어루만지는 조용한 문학 공동체를 지향한다."

"Cheongram Literature aspires to be a quiet literary community that values people over words, sincerity over style, and touches life with depth and resonance."

목차

작가의 말
자연은 또다른 스승이었다 - 자연인 안최호   018

축사
사람의 길, 진심의 길을 걷는 사나이 - 전 문화체육부장관 박철언   022
작은 성실이 큰 희망을 세운다 - 전 국회의원 손학규   024
성실은 단순한 근면을 넘어 - 전 국회의원 정병국   026
함께한 세월, 함께한 글 - 문학평론가 청람 김왕식   028

프롤로그
프롤로그   032
등불 하나 - 최호 안길근   034

제1부
생명을 붙잡은 손길   038
국회의원 수행비서의 뒷모습   041
권력의 그림자와 민중의 얼굴   044
도로 위에서 만난 나의 운명   047
사람을 싣고 희망을 나른다   050

제2부
고속도로 휴게소의 새벽   054
화물차 기사들의 눈물겨운 연대   057
화장실 벽에 적힌 낙서의 철학   060
지역 장터, 서민의 숨결   063
재래시장의 뜨거운 숨결   065
산업재해의 사연을 싣고   068
장례식장 앞의 흰 국화   070
눈물 젖은 화물칸   072
정치인의 현수막과 기사들의 한숨   075

목차

제3부
고향 길, 그리움의 노래	080
귀향길 휴게소의 풍경	083
길 위에서 만난 역사의 그림자	085
도로 위에서 배우는 민주주의	088
도로와 광장, 그리고 민중의 얼굴	091
서민의 밥상, 역사의 자리	093
소박한 웃음, 민중의 희망	095
길 위의 노래, 시대의 리듬	098
도로 위의 침묵, 시대의 메아리	100
비와 눈, 그리고 길 위의 시	102

제4부
휴게소의 밤, 민중의 등불	106
길 위의 동지들	108
사라지는 고향, 남는 사람들	111
고단한 새벽, 민중의 노래	113
골목길에서 만난 폐휴지 수레	115
도로 위의 분노, 보복운전의 그림자	118
밤길의 그림자, 야생동물의 죽음	120
교통사고의 충격, 인간의 연대	123
도로 위의 미소, 인간의 양보	126
새벽의 골목, 인간의 그림자	128

목차

제5부
파손된 집, 무너진 하루   132
도로의 함정, 빠진 바퀴   136
차박의 밤, 어머니의 얼굴   138
빈대떡과 탁주, 친구의 웃음   140
사고 이후, 법정의 길   143
휴게소의 낯선 인연   146
라디오 사연, 길 위의 목소리   149
특권 차량 행렬과 서민의 도로   151
밤샘 운행과 새벽의 병원 불빛   153
장례식장의 새벽, 친구의 빈자리   156

제6부
목요일의 소나기, 도로의 합창   162
고속도로 졸음쉼터의 새벽   164
도심 배송의 낮은 계단   168
고향 장터의 낮과 밤   173
폭설의 밤, 고립된 도로   177
빈차로 돌아오는 길   180
청람루의 편지   183
밤길에 스친 야생동물의 그림자   186
난초꽃 피운 짐꾼의 손   189
흙더미로 막힌 길, 외길의 진실   192

목차

제7부

닭이 나무 위에서 잠들다	196
김장 담근 손, 나눈 마음	199
푸른 하늘 아래 낡은 의자	202
돌담 밑 웅덩이의 합창	204
창간호, 열 달의 산통 끝에 낳은 책	207
5천 원의 명품, 5만8천 원의 행복	210
밑창 없는 하루, 절뚝이며 웃다	212
청람우체통에 온 단 하나의 편지	215
폭설 아래서 웃은 철근	218
청람루의 작은 박물관	221

제8부

팥빙수 한 그릇의 온기	226
계고장 한 장, 농막의 꿈	228
트럭 위에서 만난 문학	231
진정한 자연인은 누구인가	234
자연이 불러낸 작은 축제	236
일요일 오후, 빈대떡과 탁주	239
눈 내린 청람루의 밤	242
청람루에 찾아온 첫 매화	244
청람루의 소나무·잣나무 숲 바람	246
청람루 현액판에 깃든 뜻	249

목차

제9 부 청람루의 사계절 일상

첫물 아욱	252
노란 울음	253
그늘 아래 버섯	254
물소리 따라	255
달래국	256
장맛비	257
고추밭	258
낮잠	259
장독	260
오이꽃	261
고구마	262
벼	263
국화	264
말리는 일	265
단풍	266
눈	267
김장	268
볕	269
버섯 창고	270
장작	271
말 없는 삶의 시학, 청람루의 사계절 - 문학평론가 김왕식	272

에필로그

나는 자연인이다 - 문학평론가 김왕식	278

작가의 말

자연은 또다른 스승이었다

자연인 안최호

사막의 불길 속에서, 국회의 복도에서, 도로 위의 소음과 숲의 침묵 속에서 나는 인간의 얼굴을 보았다. 그것은 영웅의 이름도, 권력의 자리도, 화려한 무대도 아니었다. 다만 아이의 울음, 노동자의 땀, 청소부의 미소, 바람에 흔들리는 나무의 침묵 같은 것들이었다. 내 삶을 지탱한 것은 언제나 거창한 사건이 아니라, 그렇게 소박하고도 맑은 순간들이었다.

나는 한때 영웅이라 불렸으나, 그 이름이 주는 무게를 견딜 수 없었다. 사람을 살린다는 것은 거대한 불길 앞에서만 이루어지는 일이 아니기 때문이다. 하루의 빵을 무사히 집에 전하는 일, 교과서를 제때 학교에 나르는 일, 철골을 안전하게 공장에 전달하는 일, 그것들이 모두 누군가의 삶을 이어주는 일이었다. 나는 그것을 늦게서야 깨달았다.

정치의 복도에서 나는 사람을 잃어버린 언어를 보았다. 고통이 숫자로 환산되고, 절규가 여론이라는 말로 바뀌는 순간, 인간은 사라졌다. 나는 그곳에서 멀어져 나왔다. 대신 길 위에서 다시 사람을 찾았다. 트럭에 실린 철골은 노동자의 피와 땀이었고, 교과서는 아이의 꿈이었다. 거대한 도로 위에서, 나는 다시 인간의 얼굴을 마주했다.

자연은 또 다른 스승이었다. 산은 내게 겸손을 가르쳤고, 강은 흐름을 가르쳤으며, 나무는 침묵 속에서 가장 깊은 언어를 전해주었다. 인간은 자연을 소비하며 살아왔지만, 나는 이제서야 깨닫는다. 자연은 도피처가 아니라 동행이며, 소유물이 아니라 스승이라는 것을. 그 앞에서 고개를 숙일 때 비로소 인간은 다시 인간답게 된다.

문학은 내게 기록의 도구였다. 트럭의 운전석은 내 책상이었고, 길 위의 풍경은 내 교과서였다. 나는 그곳에서 배운 것을 글로 옮겼다. 웃음과 눈물, 분노와 환희, 실패와 소망이 뒤섞인 길 위의 기록. 그것이 곧 나의 문학이었다.

이 책은 화려한 영웅담도, 거대한 이념의 기록도 아니다. 다만 한 인간이 살아오며 만난 얼굴들의 기록이다. 나는 독자들이 이 책 속에서 스스로의 얼굴을 발견하기를 바란다. 때로는 슬픈 얼굴로, 때로는 환한 미소로, 그러나 언제나 살아 있는 얼굴로.

끝으로 나는 이렇게 고백한다. 사람을 살린다는 것은 결국 눈앞의 작은 일을 성실히 해내는 것이다. 그 작은 성실이 모여 세상을 지탱한다. 문학이란 그 성실의 기록이며, 그 기록이야말로 가장 인간적인 희망이다.

나는 자연인이다 20

축사

사람의 길, 진심의 길을 걷는 사나이

전 문화체육부 장관 박철언 변호사

 그를 처음 본 것은 국회였다.
동료 의원의 수행비서로서 그는 늘 단정했고, 한 치의 흐트러짐도 없었다. 말보다 행동이 앞서고, 드러내지 않아도 신뢰가 느껴지는 사람이었다. 언제나 한 걸음 물러서 있었지만, 그 겸손이 오히려 그의 존재를 또렷하게 했다. 나는 그때 이미 느꼈다. 이 사람은 언젠가 자기 이름으로 세상을 감동시킬 것이다.
 세월이 흘러, 그는 자연인으로 방송에 등장했다. 트럭을 몰고 전국을 누비며 산과 들을 이야기하는 그의 모습은 유쾌하면서도 진지했다. 권력의 중심에서 벗어나 흙과 바람 속에서 다시 자신을 찾아가는 그의 삶은 단순한 귀촌이 아니라 인생의 귀의(歸依)였다. 세속의 허망함을 내려놓고, 인간의 본질로 돌아간 한 사람의 자유가 거기 있었다.

이후 한국청람문학회에서 다시 만난 그는 작가 안최호였다. 글을 읽고 놀랐다. 문장은 담백했지만 힘이 있었고, 사유는 깊되 결코 어렵지 않았다. 세상을 발로 걸으며 터득한 삶의 언어가 문장마다 묻어 있었다. 문학은 그에게 또 다른 직업이 아니라, 삶의 연장선이자 진심의 표현이었다. 그의 글에는 서민의 온기, 사람의 향기, 그리고 인생의 철학이 배어 있었다.

전주 소양고택 청람문학워크숍에서의 모습도 잊을 수 없다. 누구보다 먼저 움직여 궂은 일을 도맡고, 사람들을 편하게 웃게 만들었다. 저녁 무렵, 각설이타령을 부르던 그의 노랫소리는 진심에서 우러난 자유였다. 예술은 결국 삶의 진정성에서 비롯된다는 것을 그는 몸으로 증명하고 있었다.

그의 트럭은 단순한 운송 수단이 아니다. 그것은 사람을 배우는 학교이자, 세상을 기록하는 책상이다. 그는 매의 눈으로 세상을 관찰하고, 시인의 마음으로 기록한다. 그의 글에는 바람의 냄새와 사람의 체온이 함께 실려 있다.

안최호 작가는 겉으론 강인한 상남자지만, 속은 누구보다 따뜻하다. 그의 유쾌함은 가볍지 않고, 자유는 방종이 아니다. 그것은 세상의 무게를 온몸으로 견디며 얻은 진심의 여유다.

그의 삶은 한 편의 수필이고, 그의 노래는 한 편의 시다.
트럭 창문을 열고 바람과 대화하는 그의 모습에서,
나는 진짜 사나이의 얼굴을 본다.

진심을 잃지 않는 사람, 그것이 진짜 사나이다.
안최호 작가, 당신이 그 증거다.

작은 성실이 큰 희망을 세운다

전 국회의원 손학규

 한 사람의 길은 그의 발자취가 증언한다.
나는 안최호를 오랫동안 곁에서 지켜본 사람으로서, 그의 발걸음이 언제나 사람을 향해 있었다는 사실을 확신한다. 그는 나를 특보로서 보좌했으나, 단순한 보좌의 자리를 넘어 늘 민중의 고통에 귀 기울이고자 했다. 정치의 복도에서 계산과 이해득실이 오갈 때에도, 그는 숫자 너머의 눈물을 놓치지 않았다. 나는 그런 그의 눈빛을 기억한다. 진심이 아니면 결코 나올 수 없는 눈빛이었다.

안최호는 삶의 여러 국면에서 큰 전환을 겪어왔다. 사막에서의 극적인 구조 경험은 그에게 인간 생명의 가치를 새기게 했고, 국회의 수행비서 시절은 정치가 때로는 사람을 잊어버린다는 씁쓸한 현실을 일깨워주었다. 그리고 그는 그 길을 과감히 떠나, 다시 도로 위에서 사람의 얼굴을 마주하기 시작했다. 화려한 의사당의 대리석 대신, 묵직한 철골과 먼지, 그리고 땀

냄새 속에서 그는 오히려 더 맑은 인간의 얼굴을 보았다. 나는 그 선택이 얼마나 힘든 것인지 알기에, 더욱 그 진정성을 높이 평가한다.

나는 그가 글을 쓰는 모습을 오래 지켜보았다. 그의 문장은 화려하지 않다. 그러나 담백한 문장 안에는 길 위에서 얻은 성찰과, 자연 속에서 배운 겸손, 그리고 사람들과 나눈 웃음과 눈물이 고스란히 배어 있다. 그것은 단순한 글이 아니라 삶의 기록이었고, 그 기록은 읽는 이의 마음을 저절로 움직인다.

이 책은 영웅담도, 정치적 수사도 아니다. 오히려 반대로, 일상의 순간 속에서 피어난 진실의 기록이다. 청소부의 미소에서 발견한 순수함, 폭우 앞에서 배운 겸손, 트럭 위 철골과 교과서의 무게에서 본 사회의 현재와 미래. 그의 글은 작은 성실이 모여 세상을 지탱한다는 사실을, 조용하면서도 강하게 일깨워준다.

나는 정치의 길을 걸어오면서 수많은 사람을 만났다. 그러나 안최호처럼 꾸밈없이 삶의 자리를 지키며 글로 증언하는 이는 드물었다. 그는 늘 자기 자리를 성실히 살아냈다. 성실이 쌓여 신뢰가 되었고, 그 신뢰가 오늘의 글을 가능하게 했다.

독자 여러분께 이 책을 권한다. 이 책은 단순히 한 사람의 경험담을 넘어, 우리가 어디에서 희망을 찾아야 하는가를 묻는다. 권력의 복도에서가 아니라, 땀과 눈물, 웃음과 겸손 속에서 답을 찾을 수 있음을 보여준다.
 나는 그를 오랫동안 지켜본 사람으로서, 확신한다. 그의 삶과 글은 신뢰할 만하다. 독자 여러분께서도 이 책 속에서 분명히 같은 확신을 얻게 될 것이다. 작은 성실이 큰 희망을 낳는다는 진리를, 안최호의 길은 이미 증명하고 있다.

성실은 단순한 근면을 넘어

전 국회의원 정병국

  국회라는 공간은 언제나 분주하다. 수많은 사람이 오가고, 목소리가 교차하며, 이해와 계산이 얽힌 말들이 쏟아진다. 그 속에서 가장 눈에 띄는 것은 화려한 정치인의 얼굴일지 모른다. 그러나 내가 오랜 세월 지켜본 경험으로 말하자면, 국회를 실제로 움직이는 힘은 언제나 묵묵히 제 역할을 다하는 이들에게서 나온다. 안최호가 바로 그런 사람이었다.

 그는 내 곁에서, 또 다른 의원의 곁에서 수행비서로 일했다. 젊은 시절부터 남다른 성실함으로 하루하루를 채워갔다. 국회의 복도는 종종 인간의 얼굴을 지우고 수치와 전략만 남기는 곳이지만, 안최호는 그 속에서도 사람을 잊지 않았다. 한 농민의 호소를 들을 때면 자신의 일처럼 마음에 새겼고, 청소 노동자의 미소 앞에서는 발걸음을 멈추어 존중을 표했다. 그는 직책의 높낮이와 상관없이 누구에게나 같은 눈빛으로 다가갔다. 그 모습은 곁에서 지켜보던 나를 늘 부끄럽게 했다.

정치의 한복판에 있으면서도 그는 권력의 언어보다 인간의 목소리에 더 귀를 기울였다. 일이 끝난 늦은 밤, 복도 한쪽에서 작은 민원 서류를 붙잡고 끝까지 정리하던 그의 뒷모습을 나는 잊지 못한다. 누가 보지 않아도, 기록되지 않아도, 그는 맡은 일을 다했다. 그 성실은 단순한 근면을 넘어, 사람을 향한 진심에서 비롯된 것이었다.

이제 그는 길 위와 자연 속에서, 그리고 문학 속에서 다시 자기 자리를 세워가고 있다. 사막에서의 극적인 경험, 정치의 복도에서 배운 냉정한 현실, 도로 위에서 만난 노동자의 얼굴, 숲에서 들은 침묵의 가르침이 그의 글 속에 고스란히 담겨 있다. 나는 그 글들을 읽으며 "그는 여전히 같은 사람"이라는 확신을 얻는다. 권력의 중심에서도, 도로 위의 운전대 앞에서도, 그는 변함없이 성실하고 겸손했다.

이 책은 단순히 한 개인의 기록이 아니다. 우리 사회가 놓쳐온 가치, 곁눈질하듯 지나쳐온 얼굴들을 다시 불러내는 작업이다. 안최호는 화려한 언어로 독자를 설득하려 하지 않는다. 대신 길 위에서 보고 들은 것을 담담히 전한다. 그러나 그 담담함이야말로 가장 큰 울림을 준다. 나는 이 책이 독자들에게 단순한 읽을거리가 아니라, 삶을 다시 돌아보게 하는 거울이 되리라 믿는다.

국회에서 함께한 시절, 나는 그에게서 신뢰와 성실이 어떻게 사람을 빛나게 하는지를 배웠다. 그리고 지금, 그의 글을 통해 다시 한 번 그 배움을 확인한다. 독자 여러분도 이 책 속에서 분명히 같은 것을 발견할 것이다. 성실은 언제나 가장 오래 남는 힘이다. 안최호는 그 힘으로 살아왔고, 이제 글로써 그 힘을 증언하고 있다.

함께한 세월, 함께한 글

문학평론가 청람 김왕식

 사람의 인연 가운데 가장 값진 것은 세월의 무게를 견뎌낸 우정이다. 나는 안최호와 55년 인연이다. 요즘엔 한국청람문학회에서 함께 글을 쓰고 교유하며 쌓아온 시간은 단순한 문우의 관계를 넘어선, 서로의 삶을 비춰주는 거울 같은 것이었다.

 안최호를 처음 만난 것은 중학교 1학년 이었다. 그는 이미 그때부터 곧은 성품과 뜨거운 눈빛을 지니고 있었다. 세월은 그 눈빛을 흐리게 하지 않았다. 오히려 더 단단하고 깊어졌다. 사막의 불길 속에서 사람을 구해낸 순간, 정치의 복도에서 민중을 잃지 않으려 몸부림친 시간, 그리고 도로 위와 자연 속에서 다시 인간의 얼굴을 찾은 여정. 나는 그 모든 과정을 가까이서 지켜보았다.

문학은 그에게 단순한 글쓰기가 아니었다. 삶 그 자체였다. 트럭의 운전석이 그의 책상이었고, 도로 위가 그의 도서관이었다. 그는 거대한 철골의 무게 속에서 노동자의 땀을 보았고, 교과서 더미 속에서 아이의 내일을 보았다. 나는 그의 글에서 늘 같은 울림을 느낀다. "작은 성실이 세상을 지탱한다." 그것은 문학적 수사가 아니라, 그가 평생 살아낸 삶의 증언이었다.

우리가 청람문학회에서 함께 글을 나눌 때면, 그는 늘 겸손했다. 화려한 말로 스스로를 드러내지 않았다. 대신 묵묵히 기록하고, 소박한 진실을 전하려 애썼다. 나는 그 태도에서 진정한 문학인의 자세를 보았다. 문학은 가르치는 것이 아니라, 함께 살아낸 삶을 나누는 것이라는 사실을 그는 누구보다 잘 알고 있었다.

55년이라는 세월은 짧지 않다. 그 긴 시간 동안 우리 둘은 함께 웃고, 함께 눈물 흘리고, 함께 침묵했다. 그러나 무엇보다 중요한 것은, 그 모든 순간을 견뎌내며 여전히 같은 자리에 서 있다는 것이다. 안최호는 흔들림 없는 기둥처럼 내 곁에 있었고, 나는 그에게서 늘 힘을 얻었다.

이제 그는 삶의 기록을 세상에 내놓는다. 나는 그것이 단순한 책 한 권이 아니라, 세대와 세대를 잇는 다리가 되리라 믿는다. 독자들은 그의 글 속에서 자기 얼굴을 발견할 것이다. 아이의 웃음으로, 노동자의 한숨으로, 자연의 침묵으로. 그 얼굴들을 통해 우리는 다시 인간다운 길을 기억하게 될 것이다.

나는 친구이자 문우로서, 이 책을 세상에 내놓는 안최호에게 마음 깊은 존경과 애정을 보낸다. 그리고 이렇게 말하고 싶다. 진정한 문학은 삶에서 나오고, 삶을 견뎌낸 사람만이 그것을 기록할 수 있다. 안최호, 그는 바로 그런 문학을 살아온 사람이다.

프롤로그

프롤로그

 한 사람의 인생은 늘 예기치 못한 장면으로 궤적을 그린다. 나에게 그것은 사막의 불길 속에서 시작되었다. 하늘에서 추락한 기체, 불길에 휩싸인 잔해, 그 속에서 맨손으로 사람을 끌어내던 순간. 사람들은 그것을 영웅담이라 불렀으나, 내게 남은 것은 상처 난 손과 가슴속의 불안한 고동뿐이었다. 그날 이후 나는 알게 되었다. 삶이란 거대한 결단이 아니라, 망설이지 않는 한순간의 선택에서 이어진다는 것을.

 그러나 영웅의 이름은 오래 가지 않았다. 국회의 복도에 들어서자, 사람의 울음은 숫자가 되었고, 절규는 여론이라는 이름으로 거래되었다. 대리석 바닥은 빛났지만, 그 위에는 인간의 얼굴이 보이지 않았다. 나는 숨이 막혔고, 결국 그 길을 떠날 수밖에 없었다. 안정이라 불리던 자리는 내게는 껍데기였다. 권력의 언어는 화려했으나, 그 속에는 생명이 없었다.

 나는 다시 도로로 나왔다. 거대한 트럭의 운전석에 앉았을 때, 비로소 숨을 쉴 수 있었다. 철골과 공장 설비, 묵직한 화물이 차를 흔들 때마다 나는 깨달았다. 내가 나르는 것은 단순한 짐이 아니라 사람들의 내일이었다. 강철은 도시를 세웠고, 그 위에서 인간은 다시 일어섰다. 그 무게는 톤수로 계산되지 않았다. 노동자의 땀, 아이의 꿈, 사람들의 희망이 그 속에 함께 실려 있었다.

길 위에서 나는 다시 인간을 만났다. 신호등 앞에서 손을 흔들던 아이, 항만에서 한숨 쉬던 노동자, 휴게소에서 쓴웃음을 짓던 기사들. 그 얼굴들은 정치의 복도에서는 사라졌던 것이었다. 나는 그 얼굴 속에서 문학을 발견했다. 문학은 멀리 있는 것이 아니었다. 도로의 먼지, 농부의 손, 청소부의 미소, 숲의 침묵, 그 모든 것이 이미 한 편의 시였고, 기록이었다.

자연 또한 나를 다시 일깨웠다. 폭우가 밭을 쓸어버릴 때, 나는 분노했으나 이내 배웠다. 자연은 인간을 겨냥하지 않는다. 그저 자기 길을 갈 뿐이다. 바람은 고개를 숙인 자에게만 스며들고, 강물은 무릎을 꿇은 자에게만 건너게 해준다. 나는 그 앞에서 겸손을 배웠다. 겸손은 패배가 아니라 공존의 첫걸음이었다.

이 책은 내 삶의 기록이면서 동시에, 내가 길 위와 자연 속에서 만난 인간들의 이야기다. 그것은 영웅의 무용담도, 정치의 거대한 이념도 아니다. 다만, 누군가의 작은 성실이 세상을 지탱해왔다는 증언일 뿐이다.

나는 독자에게 교훈을 강요하고 싶지 않다. 다만 이 기록이, 당신이 스스로의 얼굴을 다시 발견하는 거울이 되기를 바란다. 아이의 웃음 속에서, 노동자의 손길 속에서, 숲의 침묵 속에서, 우리 모두는 이미 답을 알고 있다. 세상을 바꾸는 힘은 언제나 크고 요란한 곳이 아니라, 작은 성실과 겸손 속에서 자라난다.

등불 하나

최호 안길근

당신이 책장을 여는 순간
내 삶의 한 조각이 당신의 삶 속으로 들어갑니다.

모래바람 부는 사막에서
불길을 뚫고 내민 손길이
오늘 당신의 마음을 붙잡아 주기를 바랍니다.

권력의 복도에서 지워진 얼굴이
당신의 눈 속에서 다시 살아나고
숫자로 바뀐 울음이
당신의 귀에서 다시 목소리가 되기를 바랍니다.

도로 위에 묵직하게 실린 철골처럼
당신의 하루에도 버거운 무게가 있지만
그 속에 분명
내일을 세우는 희망이 숨어 있습니다.

숲의 나무가 말없이 서 있듯
당신의 침묵 또한 깊은 언어가 되어
누군가의 어깨를 감싸줄 것입니다.

작은 성실이 큰 기적을 만들듯
당신의 작은 하루가 세상을 바꿀 수 있습니다.

눈물이 마른 자리에는
새로운 웃음이 피어나고
쓰러진 발걸음 뒤에는
다시 일어서는 힘이 남아 있습니다.

그러니 두려워하지 마십시오.
당신이 걸어가는 길은 결코 혼자가 아닙니다.

나의 글이 다만
당신 마음의 등불 하나 되어
어두운 밤을 잠시 밝힌다면
그것으로 족합니다.

오늘 당신이 읽은 문장은
내 삶이 남긴 작은 씨앗이 되어
당신 안에서 자라날 것입니다.

그리고 언젠가
당신 또한 누군가에게 빛이 되어
다시 이 세상을 밝혀주기를
나는 조용히 기도합니다.

제1 부

생명을 붙잡은 손길
국회의원 수행비서의 뒷모습
권력의 그림자와 민중의 얼굴
도로 위에서 만난 나의 운명
사람을 싣고 희망을 나른다

제1 부

생명을 붙잡은 손길
끝나지 않은 길 위의 고백

  1987년 겨울, 하늘을 가르던 비행기가 불길과 연기 속에 추락했다. 눈앞에는 차마 눈뜨고 바라보기 어려운 참혹한 모습이 펼쳐졌고, 사람들의 울음과 비명이 뒤엉켜 있었다. 나 또한 두려웠고, 마음이 얼어붙는 듯 했다. 그러나 그 자리에 쓰러진 이들을 외면할 수는 없었다. 다시금 몸이 앞으로 내밀어졌다. 피 흘리며 의식을 잃은 이를 부축했고, 쓰러진 이를 어깨에 메어 병원으로 향했다. 때로는 불길 속으로 몸을 던져 사람을 끌어내기도 했다. 그때 나를 지탱한 것은 용기라기보다,
"이 손을 놓아버리면 다시는 잡을 수 없을지 모른다"는 절박함이었다.

훗날 많은 이들이 내게 과분한 칭찬을 건넸고, 국가는 표창을 수여했다. 그러나 나는 그 모든 말들이 부끄럽다. 나는 특별한 사람이 아니었다. 다만 그 순간 눈앞에 놓인 생명을 외면하지 않았을 뿐이다. 누군가는 그것을 영웅적이라 부르지만, 내게는 인간이라면 마땅히 해야 할 일이었을 뿐이다.

사고 이후의 삶은 결코 평탄하지 않았다. 불길과 비명 속에서 받은 상처는 몸과 마음을 오래도록 괴롭혔다. 그러나 그 고통조차 내겐 새로운 사명이 되었다. 재난의 현장에서 배운 것은 단 하나였다. 생명을 지켜내는 일이야말로 인간이 짊어져야 할 본질적인 책임이라는 것. 그래서 나는 지역 사회의 안전과 봉사에 힘을 보탰고, 작은 자리에서나마 생명을 존중하는 문화를 나누고자 했다.

정치의 복도를 지나며, 나는 사람의 울음이 숫자로 환산되고, 고통이 카드처럼 흥정되는 장면을 목격했다. 숨이 막혔다. 결국 나는 다시 길 위로 나왔다. 트럭 운전석에 앉았을 때 비로소 사람의 얼굴을 만났다. 사과 상자에 담긴 농민의 눈물, 택배 상자에 담긴 아이의 생일 선물, 건축 자재에 묻은 땀방울. 그것을 실어나르는 일은 단순한 노동이 아니라 살아 있는 희망을 잇는 일이었다.

라디오에서 흘러나오던 베토벤 교향곡을 들으며 고속도로를 달리던 어느 날, 나는 깨달았다. 예술도, 문학도, 그리고 나의 삶도 결국 인간의 고통을 견디게 하는 도구라는 사실을. 리비아 사막에서 40명을 끌어냈던 기억, 불길 속에서 손을 뻗었던 기억은 내게 신념을 심어주었다. 사람을 살린다는 것은 반드시 목숨을 구하는 거대한 사건만을 의미하지 않는다. 빵 한 덩이를 무사히 집에 전하는 일, 농산물을 제때 시장에 나르는 일, 새 교과서를 아이들 손에 쥐어주는 일, 그것이 곧 사람을 살리는 일이었다.

세월은 흘렀지만, 나는 여전히 그날의 차가운 공기와 뜨거운 불길을 기억한다. 절망과 혼돈 속에서도 붙잡았던 한 줄기 희망이 내 삶을 바꾸어 놓았다. 나는 여전히 부족한 사람이다. 그러나 한 가지는 분명히 알게 되었다. 인간다움은 거창한 말이나 지위에서 나오지 않는다. 두려움 속에서도 누군가의 손을 붙잡아 주는 작은 행동, 그것이야말로 인간다움의 빛이다.

나는 여전히 핸들을 잡고 글을 쓴다. 트럭은 내게 도로 위의 책상이자 민중의 도서관이다. 여기서 나는 매일 배우고 기록한다. 그리고 이렇게 말하고 싶다.

"사람을 살린다는 것은 결국, 오늘 내 앞의 작은 짐 하나를 성실히 옮기는 일이다. 그 작은 성실이 언젠가 세상을 바꿀 힘이 된다."

열린 길 위에서, 나는 아직 끝나지 않은 이야기를 싣고 달린다.

국회의원 수행비서의 뒷모습

국회의사당 복도는 늘 번쩍였다. 대리석 바닥은 거울처럼 반짝였지만, 그 위를 오가는 신발소리에는 묘한 불안이 묻어 있었다. 내가 수행비서로 처음 출근한 날, 사람들은 굳은 표정으로 서로의 눈치를 살피며 걸었다. 말은 많았지만, 그 말은 민중을 향하지 않았다. "다음 공천은 어떻게?" "이번 상임위 자리 배분은?" 복도의 공기는 늘 계산기처럼 차갑게 울렸다.

나는 리비아 사막에서 사람을 구하던 때를 떠올렸다. 뜨겁게 달궈진 금속을 맨손으로 뜯어내던 순간, 그곳에는 이해득실이 없었다. 그저 '살려야 한다'는 절박함뿐이었다. 그러나 국회 복도에서는 사람이 아니라 '이익'이 먼저였다. 한 농민이 흙 묻은 장화를 신고 찾아와 "쌀값이 이래서야 어찌 삽니까"라고 호소하던 날, 의원실 안쪽에서는 "그 문제는 선거에 도움이 될까?"라는 속삭임이 들려왔다. 나는 점점 숨이 막혔다.

수행비서의 하루는 서류와 전화 속에서 흘러갔다. 지역 민원, 언론 대응, 정책 보고서. 그러나 그 모든 것이 사람의 눈물과는 거리가 멀었다. 마치 무대 뒤에서 연극 대본을 고치는 듯, 정치인들은 민중의 삶을 '극본'처럼 다뤘다. 누군가의 파산은 '정책 실패'라는 단어로 포장되었고, 한 가정의 붕괴는 '통계 수치'로 환산되었다. 그때마다 나는 스스로 묻곤 했다. "나는 지금 누구를 돕고 있는가? 사람인가, 권력인가?"

의원들의 언어는 독특했다. 그들은 고통을 "이슈"라 불렀고, 절규를 "여론"이라 불렀다. 나는 그 언어가 점점 내 귀를 오염시키는 것을 느꼈다. 서민의 삶은 숫자에 불과했고, 숫자는 선거 전략의 무게추로만 쓰였다.

그러던 어느 날, 나는 휴게실에서 한 청소 노동자와 마주쳤다. 그녀는 손에 낡은 걸레를 쥔 채 "여기도 먼지가 끝도 없네요"라며 웃었다. 그 웃음은 국회의사당 어디에서도 보기 힘든 순수한 빛이었다. 그 순간 나는 깨달았다. 이 건물 안에서 가장 진실된 얼굴은 권력자가 아니라, 묵묵히 복도를 닦는 이들이라는 것을.

그날 이후 나는 점점 길 위를 그리워했다. 화물차의 거친 핸들, 도로의 먼지, 서민들의 땀 냄새. 그것들이 차갑게 번쩍이는 복도보다 훨씬 더 인간적이었다. 결국 나는 사직서를 내려놓았다. 사람들은 의아해했다. "왜 안정된 길을 버리냐?" 그러나 내게 안정은 껍데기였다. 민중과 멀어진 길 위에서의 안락은, 결국 불행이었다.

트럭의 운전석으로 돌아왔을 때, 나는 비로소 숨을 쉴 수 있었다. 도로 위에서는 권력의 계산 대신, 사람들의 희로애락이 있었다. 땀에 젖은 농민의 박스, 새 학기를 준비하는 아이의 가방, 결혼식장으로 향하는 꽃다발. 그것들이 내게는 국회의 법안보다 더 큰 가치였다.

나는 깨달았다. 정치는 결국 사람을 위한 것이라 했지만, 사람을 가장 잘 이해하는 자리는 국회가 아니라 길 위였다. 권력의 복도에서 얻은 교훈은 냉소가 아니었다. 그것은 한 가지 분명한 다짐이었다.

"민중의 눈물을 숫자로 환산하는 순간, 정치는 이미 그 생명을 잃는다."

나는 오늘도 트럭에 올라탄다. 아직 끝나지 않은 길 위에서, 언젠가 진정한 정치가 다시 사람의 얼굴을 회복할 날을 기다리며.

권력의 그림자와 민중의 얼굴

 국회의사당 정문 앞은 언제나 번잡했다. 정장을 입은 이들이 고급 승용차에 오르내리고, 기자들이 마이크를 들고 몰려다녔다. "서민을 위하겠다"는 구호가 곳곳에서 울려 퍼졌지만, 그 울림은 대리석 벽에 부딪혀 메아리로만 돌아왔다. 그 속에서 나는 자주 한 장면을 떠올렸다. 고속도로 휴게소에서 만난 한 노인의 손. 굳은살 박힌 손바닥은 깊은 주름 사이로 검게 그을려 있었고, 그는 떨리는 목소리로 말했다. "아들놈 학비 벌어보겠다고 밤낮 일했는데, 아직도 빚만 남았어."

나는 그 노인의 얼굴을 떠올리며, 의사당 복도의 얼굴들을 바라보았다. 번쩍이는 구두, 명품 넥타이, 고개를 치켜든 표정. 민중의 주름진 이마와는 너무나 달랐다. 의사당의 그림자는 길었지만, 그 그림자 속에 민중의 얼굴은 없었다.

어느 날은 지역구에서 올라온 노동자 대표가 의원실을 찾았다. 그는 피곤에 절은 얼굴로 "최소한의 임금이라도 보장해달라"고 호소했다. 그러나 의원은 고개를 끄덕이며 다른 일정을 핑계로 자리를 떴다. 남겨진 나는 민망하게 물을 내어주었지만, 그 노동자의 눈빛은 이미 절망으로 젖어 있었다. 의사당의 벽은 너무 두껍고, 그 안의 사람들은 너무 바빴다.

반면 도로 위에서 나는 민중의 얼굴을 매일 만난다. 이른 새벽, 채소 상자를 싣고 시장으로 달려가는 농민, 기름값 걱정을 하며 트럭에 오르는 동료 기사, 빵을 배달하며 서둘러 가는 청년. 그들의 땀방울은 정치의 언어보다 훨씬 더 진실했다. 민중의 삶은 거대한 담론 속에서 종종 '수치'로만 남지만, 나는 그 수치를 실제 얼굴로 만난다. 그리고 그 얼굴들은 늘 눈물과 웃음을 동시에 담고 있었다.

나는 문득 이런 생각을 했다. 국회의사당은 거대한 무대다. 그곳의 주인공은 의원과 권력자들이다. 그러나 무대 바깥, 객석에서조차 불려지지 않는 이들이 있다. 바로 민중이다. 그들은 늘 조연도 아닌, 통계 속 '기타' 항목으로만 남는다. 하지만 도로 위에서 나는 그들이야말로 이 나라의 진짜 주인임을 본다.

정치는 늘 '민심'을 입에 올리지만, 민심은 구호가 아니라 얼굴이다. 주름진 눈가, 땀에 젖은 옷자락, 웃음을 억지로 지우지 못하는 미소. 그것이 민심이다. 그 얼굴을 잊는 순간, 정치는 그림자에 불과하다.

나는 결국 의원실을 떠나, 트럭 운전대를 다시 잡았다. 많은 이들은 안타까워했다. "좋은 자리, 안정된 길을 왜 버리느냐." 그러나 나는 알고 있었다. 권력의 그림자 속에서 사는 것은, 빛 없는 무대에 서는 것과 같다는 것을. 나는 빛이 아닌, 얼굴을 보고 싶었다. 사람들의 살아 있는 눈빛, 그 눈빛이 내 삶의 이유였다.

트럭의 차창 너머로 보이는 세상은 정치의 회의록보다 훨씬 더 깊다. 농부의 땀방울이 빛나고, 아이의 웃음이 울려 퍼진다. 그것이 내가 다시 길 위로 나온 이유다.

그리고 나는 오늘도 스스로에게 다짐한다.
"민중의 얼굴을 잊는 순간, 나는 다시 그림자가 된다."

트럭의 바퀴는 계속 굴러가고, 그 위에 실린 얼굴들은 아직 끝나지 않은 이야기를 말해주고 있다.

도로 위에서 만난 나의 운명

나는 다시 도로 위로 돌아왔다. 화려한 의사당의 복도를 벗어나, 거칠고 소박한 도로의 먼지를 마주하는 순간, 비로소 내 삶의 자리를 찾았다는 확신이 밀려왔다. 트럭의 핸들은 두껍고 거칠었지만, 그 위에는 사람들의 삶이 실려 있었다. 권력의 연극보다 훨씬 더 생생하고, 복잡한 숫자보다 훨씬 더 진실했다.

처음 화물차에 몸을 맡기고 달리던 날을 아직도 잊지 못한다. 새벽 네 시, 짙은 안개 속에서 시동을 걸었다. 배달할 농산물이 가득 실린 트럭은 무겁게 몸을 일으켰고, 헤드라이트는 안개를 헤집으며 길을 열었다. 도로는 차갑고 쓸쓸했지만, 라디오에서 들려오는 사람들의 사연은 뜨거웠다. "남편이 다친 뒤 내가 혼자 생계를 책임져야 합니다." "어제도 두 시간밖에 못 잤지만, 웃으며 일합니다." 사람들의 목소리가 안개를 뚫고 내 가슴에 들어왔다. 나는 핸들을 잡은 손에 힘을 더 주며 생각했다. '이 길은 단순히 물건을 옮기는 길이 아니라, 사람의 사연을 나르는 길이다.'

길 위에서 나는 수많은 얼굴을 만났다. 고속도로 휴게소에서 잠깐 졸다 깨어난 동료 기사, 새벽밥을 팔며 서민의 삶을 버텨내는 아주머니, 트럭 옆을 스쳐 지나가며 손을 흔드는 아이들. 그 얼굴들은 모두 다르면서도 하나였다. 살기 위해 애쓰는 사람들, 그 애씀 속에서 희망을 잃지 않으려는 사람들. 나는 그 얼굴들을 보며 내 운명을 다시 정의했다.

도로 위에는 슬픔도 많았다. 비 오는 날, 사고 현장을 지나칠 때면 무너진 차량과 울부짖는 가족의 모습이 눈에 들어왔다. 그 순간마다 나는 리비아 사막에서 들었던 비명소리를 떠올렸다. 삶은 언제든 부서질 수 있는 유리 같았다. 그러나 동시에, 깨진 조각을 붙잡고 다시 일어서는 힘도 사람에게 있었다. 나는 그 힘을 믿었다.

웃음 또한 있었다. 화물차 기사들이 모여 술 한 잔 기울이며 털어놓는 농담, 휴게소에서 고기 국밥을 나누며 쏟아내는 하소연, 도로 위 무전기에서 흘러나오는 익살맞은 멘트들. 힘겨운 현실 속에서도 그 웃음은 우리를 버티게 했다. 나는 깨달았다. 웃음은 슬픔을 지우는 것이 아니라, 슬픔과 함께 살아가게 하는 또 하나의 힘이라는 것을.

어느 날은 이런 일이 있었다. 시장에 채소를 배달하고 있는데, 한 노파가 내 트럭을 붙잡고 말했다. "아저씨 덕분에 우리 장터가 살아. 농사 지어도 실을 길이 없으면 다 썩잖아." 그 말은 가볍지만, 내 가슴 깊이 파고들었다. 나는 단순한 운전자가 아니라, 누군가의 생계를 이어주는 다리였다. 그날 밤 나는 일기를 쓰며 이렇게 적었다. '내 운명은 결국 사람을 잇는 길 위에 있다.'

정치와 권력이 사람을 등한시할 때조차, 도로 위에서는 사람이 가장 먼저였다. 배달할 물건이 늦으면 애타는 전화가 걸려왔고, 무사히 도착했을 때는 고맙다는 웃음이 돌아왔다. 그것이 나를 살게 했다.

나는 이제 안다. 내 운명은 거대한 권력 속에서 이름 없는 부속품이 되는 것이 아니라, 도로 위에서 살아 있는 얼굴들을 마주하며 글을 쓰고, 그들의 삶을 기록하는 것이다.

그리고 나는 오늘도 이렇게 다짐한다.
"운명은 멀리 있는 것이 아니라, 매일 내가 마주하는 얼굴 속에 있다."

트럭의 엔진 소리는 여전히 거칠고, 길은 끝없이 이어진다. 그러나 그 길 끝에 무엇이 있을지는, 아직 아무도 모른다.

사람을 싣고 희망을 나른다

트럭은 언제나 무겁다. 짐의 무게 때문만은 아니다. 그 짐 속에 담긴 사람들의 땀, 눈물, 그리고 기대가 함께 실려 있기 때문이다. 나는 도로 위에서 그 사실을 누구보다 절실히 배운 사람이다.

겨울 새벽, 영하의 기온에 손이 얼어붙을 듯한 날씨에도 나는 트럭 문을 열었다. 화물칸에는 막 수확한 배추가 산처럼 쌓여 있었다. 농민들은 고된 허리로 땀을 쏟아가며 그것들을 실었다. 한 농부는 손등이 터진 채로 내게 말했다. "이거라도 잘 팔려야 애들 등록금 마련하지요." 그 말 한마디가 내 어깨 위로 짐보다 더 무겁게 내려앉았다. 나는 그 배추를 단순히 옮기는 것이 아니라, 그들의 자식의 미래를 나르고 있다는 사실을 깨달았다.

도로 위에서는 기쁨 또한 만난다. 지난 봄, 꽃 상자를 가득 싣고 결혼식장으로 달리던 날이 있었다. 차창 밖에는 벚꽃이 흩날리고, 내 트럭 안에는 하얀 장미 향기가 가득했다. 도착지에서 신부의 어머니가 두 손을 꼭 잡으며 말했다. "기사님 덕분에 우리 아이 결혼이 더 빛이 납니다." 그 말은 내 마음속까지 향기로 번졌다. 그날의 운전은 단순한 노동이 아니라, 누군가의 생애 가장 아름다운 순간을 함께 나르는 길이었다.

그러나 슬픔도 있었다. 여름 폭우 속, 장례식장으로 향하는 국화를 실었던 기억. 빗속에서 꽃잎은 젖어 무거워졌고, 내 시야는 흐려졌다. 차창에 빗물이 맺히는 것인지, 내 눈물이 고이는 것인지 분간하기 어려웠다. 장례식장 앞에서 가족들은 오열했고, 나는 묵묵히 화물을 내렸다. 그 순간 깨달았다. 희망을 싣는다는 것은 웃음만이 아니라, 슬픔을 함께 나누는 것임을. 죽음을 배웅하는 꽃송이조차 누군가에게는 마지막 희망의 징표였다.

휴게소에서 마주친 동료 기사들은 늘 같은 말을 했다. "우리가 안 달리면 나라가 멈춰." 그 말은 과장이 아니었다. 빵 한 덩이, 연필 한 자루, 약 한 봉지. 그것들이 제때 도착하지 않으면, 누군가의 하루는 무너진다. 우리는 도로 위의 이름 없는 군대였고, 동시에 희망의 배달부였다.

나는 글을 쓰며 이 사실을 기록했다. 트럭의 화물칸은 곧 한국 사회의 축소판이었다. 정치가 놓친 사람들, 경제가 외면한 서민들, 예술과 음악이 품어야 할 고통들이 그 안에 실려 있었다. 나는 핸들을 잡은 손으로 사람을 살리고, 펜을 든 손으로 사람을 기록했다. 그것이 내가 이 길을 떠날 수 없는 이유였다.

사람을 싣는다는 것은 단순한 비유가 아니다. 정말로 사람의 삶, 사람의 희망이 내 트럭에 올라탄다. 도로 위의 나는 운전기사이면서 동시에 증인이다. 이 나라의 눈물과 웃음을 매일 목격하는 증인.

오늘도 트럭의 엔진이 낮게 울린다. 무겁게 출발한 바퀴는 길을 따라 쉼 없이 굴러간다. 나는 핸들을 꼭 잡으며 스스로에게 다짐한다.

"희망은 거창한 약속이 아니라, 오늘 내가 무사히 옮겨주는 작은 짐 속에 있다."

길은 여전히 끝이 없다. 그러나 나는 안다. 이 끝없는 도로가 바로 내가 살아야 할 자리라는 것을. 그리고 그 길 위에서 사람들의 희망은 지금도 실려 달리고 있다.

제2 부

고속도로 휴게소의 새벽
화물차 기사들의 눈물겨운 연대
화장실 벽에 적힌 낙서의 철학
지역 장터, 서민의 숨결
재래시장의 뜨거운 숨결
산업재해의 사연을 싣고
장례식장 앞의 흰 국화
눈물 젖은 화물칸
정치인의 현수막과 기사들의 한숨

제2 부

고속도로 휴게소의 새벽

새벽 세 시, 고속도로 위는 한없이 길고 적막했다. 트럭의 엔진 소리만이 어둠을 가르며 울리고, 헤드라이트는 안개 속에서 길을 찾아냈다. 눈꺼풀은 천근만근이었으나, 나는 목적지까지의 시각을 머릿속으로 다시 계산했다. "한 시간만 더 가면 휴게소다." 그렇게 스스로를 달래며 달리던 끝에, 멀리서 희미하게 빛나는 불빛이 보였다. 고속도로 휴게소의 네온사인이 어둠 속 작은 등불처럼 반짝였다.

휴게소는 언제나 기사들의 안식처였다. 출입문을 열자 뜨끈한 국밥 냄새와 튀김 기름 냄새가 동시에 풍겨왔다. 졸린 눈을 비비며 들어온 기사들은 각자의 방식으로 새벽을 견뎠다. 어떤 이는 구석 자리에서 머리를 책상 위에 박고 잠에 빠졌고, 또 다른 이는 뜨거운 라면을 후루룩 들이키며 몸을 달궜다. 피곤에 절은 얼굴들 속에서도 묘한 연대감이 있었다. 우리는 서로 이름도 모르지만, 같은 도로 위의 운명 공동체였다.

나는 허기진 배를 달래기 위해 국밥 한 그릇을 시켰다. 뚝배기에서 피어오르는 김은 잠시나마 눈꺼풀을 들어 올려주었다. 맞은편에 앉은 낯선 기사가 말을 건넸다.

"형님, 오늘은 어디까지 가십니까?"

"부산입니다. 새벽 장에 맞춰야 해서요."

그는 고개를 끄덕이며 숟가락을 뜨다가 낮게 한숨을 내쉬었다. "저도 군산까지 가야 합니다. 기름값은 오르는데, 운임은 그대로니… 언제까지 버틸 수 있을지 모르겠습니다."

그의 한숨은 내 것이기도 했다. 기름값, 과적 단속, 낮은 운임. 기사들의 삶은 늘 아슬아슬한 줄타기였다. 그러나 그 한숨 속에서도 그는 국밥을 비우고 다시 길을 떠날 준비를 하고 있었다. 살아야 했기 때문이다.

휴게소 한쪽에서는 청소 아주머니가 걸레를 짜며 지나갔다. 새벽마다 수많은 기사들이 흘린 국물과 먼지를 치우는 그녀의 손길은 분주했지만, 얼굴에는 잔잔한 미소가 있었다. 그녀는 "고생 많으십니다"라는 인사를 건네고, 나는 무심코 "덕분에 우리가 쉬어갑니다"라고 답했다. 그 짧은 인사가 휴게소의 공기를 훈훈하게 데웠다.

밖으로 나가 담배를 피우는 기사들의 무리는 또 다른 풍경을 만들었다. 누군가는 정치 이야기를 꺼냈다. "국회에서 운임료 올려준다더니, 아직 말뿐이야." 다른 이는 소리 내어 웃었다. "그 사람들한테 우리가 표가 돼야지, 그래야 움직이겠지." 웃음이었지만, 그 안에는 쓸쓸함이 배어 있었다. 풍자는 기사들의 또 다른 언어였다.

하늘은 서서히 푸른 빛을 띠기 시작했다. 동이 트기 전, 휴게소의 불빛은 아직 꺼지지 않았다. 졸음을 참아가며 떠나는 트럭들의 행렬은 끝이 없었다. 각자 다른 짐을 실었지만, 그 짐에는 공통된 무언가가 있었다. 가족의 생계, 이웃의 밥상, 누군가의 내일.

나는 다시 운전석에 앉으며 스스로에게 물었다. '이 길 위에서 나는 무엇을 싣고 가고 있는가?' 단순히 농산물과 상품만이 아니라, 사람들의 희망을 나르고 있다는 답이 돌아왔다. 휴게소의 새벽은 그것을 다시금 일깨워주는 시간이었다.

트럭의 시동이 걸리고, 엔진 소리가 어둠을 가르며 울려 퍼졌다. 나는 도로 위로 다시 나아갔다. 멀리 지평선 위로 해가 조금씩 떠오르고 있었다.

그리고 이렇게 스스로에게 속삭였다.
"희망은 거대한 곳에 있는 게 아니다. 고속도로 휴게소의 새벽처럼, 지친 이들에게 잠시 머물 힘을 주는 작은 불빛 속에 있다."

길은 다시 시작되었고, 내 앞에는 또 다른 얼굴들과 또 다른 이야기가 기다리고 있었다.

화물차 기사들의 눈물겨운 연대

트럭 기사들의 삶은 늘 고단하다. 무거운 짐과 기나긴 도로, 오르는 기름값과 떨어지지 않는 운임료. 그러나 그 고단함 속에서 가장 빛나는 것은 서로를 향한 연대였다. 그것은 법으로 강제된 것도, 계약서로 맺어진 것도 아니었다. 오로지 삶이 주는 벼랑 끝에서 서로를 붙잡아주려는 본능 같은 것이었다.

몇 해 전 여름, 나는 영동고속도로에서 타이어가 펑크 나는 바람에 한밤중 갓길에 멈춰 선 적이 있었다. 어둠 속에서 트럭은 위태롭게 기울어져 있었고, 지나가는 차들의 불빛이 휙휙 스쳐갔다. 땀을 흘리며 예비 타이어를 꺼내는데, 뒤에서 경적 소리가 울렸다. 한 동료 기사가 자신의 트럭을 세우고 다가왔다. "형님, 이럴 땐 혼자 고생하지 말고 무전 쳐요." 그는 말없이 무릎을 꿇고 함께 볼트를 풀었다. 낡은 공구가 잘 맞지 않아 애를 먹었지만, 두 사람이 함께하니 일이 훨씬 빨랐다. 타이어가 교체되자 그는 미소를 지으며 손을 털었다. "이게 우리가 살아가는 방식이지요." 그 한마디에 뜨거움이 치밀어 올라왔다.

그 후로 나는 무전기 속에서 흘러나오는 기사들의 목소리가 단순한 잡담이 아님을 알게 되었다. "형님, 앞에 단속 있어요." "저쪽 휴게소는 만석이니 다음으로 가세요." 그 짧은 정보 교환은 단순한 편의가 아니라 서로의 생존을 지켜내는 연대였다. 도로 위에서 기사는 혼자가 아니다. 보이지 않는 손길이 언제나 연결되어 있었다.

어느 겨울, 폭설로 고속도로가 마비된 적이 있었다. 수백 대의 차량이 길 위에 갇혀 꼼짝 못했다. 그때 기사들은 각자 싣고 있던 짐을 조금씩 꺼내 나눴다. 과자를 나누어주는 이, 물병을 건네는 이, 커피 포트를 연결해 따뜻한 물을 돌리는 이. 낯선 얼굴들이었지만, 그 자리에서는 가족보다 더 가까운 사람들이었다. 차창 밖에서 손을 흔들며 빵을 건네던 순간, 나는 가슴이 벅차올랐다. 누군가 그날을 두고 "도로 위의 작은 공동체"라 불렀다.

휴게소에서도 마찬가지였다. 돈이 떨어져 식사조차 못하는 동료에게 슬며시 식권을 내밀어주는 기사, 지친 얼굴로 앉아 있는 후배의 어깨를 두드리며 "한숨 자고 가라"고 말해주는 선배. 이 연대는 겉으로는 투박했지만, 그 안에는 눈물겨운 인간애가 숨어 있었다.

물론 세상은 우리를 자주 외면했다. 언론에서는 기사들을 "도로 위의 공해"라 부르기도 했고, 정책은 늘 미흡했다. 그러나 그 외면은 도리어 기사들의 연대를 더욱 단단하게 만들었다. 사회가 버린 자리를 서로의 손길로 메꾸는 것이다.

나는 깨달았다. 진정한 연대는 제도나 구호 속에 있는 것이 아니라, 바로 사람의 손과 손이 맞닿는 자리에서 피어난다는 것을. 도로 위의 기사들이 보여주는 연대는 작은 사회의 축소판이었고, 그 속에서 나는 희망의 씨앗을 보았다.

오늘도 무전기 속에서 익숙한 목소리가 울린다. "형님, 안전운전 하세요. 앞길은 미끄럽습니다." 그 짧은 인사가 나의 마음을 지탱한다. 연대는 거창하지 않았다. 단 한마디 말, 단 한 번의 손길이면 충분했다.

나는 길 위에서 이렇게 다짐한다.
"희망은 멀리 있지 않다. 우리가 서로를 잊지 않고 붙잡아주는 순간, 그것이 곧 희망이다."

트럭의 바퀴는 여전히 무겁게 굴러가지만, 그 무게를 나누는 동료들이 있기에 도로는 끝내 외롭지 않다.

화장실 벽에 적힌 낙서의 철학

고속도로 휴게소 화장실은 언제나 독특한 공간이다. 잠깐 들러 몸을 비우고 다시 길을 나서는 곳이지만, 그곳의 벽에는 수많은 사람들의 흔적이 새겨져 있다. 처음엔 무심히 지나쳤다. 그러나 어느 날, 기다란 줄에 서 있다가 문득 벽면을 바라보니, 그 낙서들이 단순한 장난이 아니라 삶의 고백처럼 다가왔다.

"살다 보니 별일 다 있더라."
굵은 매직으로 휘갈겨 쓴 문장은 허공에 대고 내뱉은 한숨 같았다. 또 다른 칸에는 이런 글귀가 있었다.
"사랑한다고 말하지 못한 그날이 아직도 후회된다."
순간, 나는 트럭 창밖으로 스쳐간 수많은 얼굴들을 떠올렸다. 우리 모두는 길 위에서, 혹은 삶의 한복판에서 말하지 못한 후회를 짊어진 채 달리고 있지 않은가.

어떤 낙서는 노골적인 풍자였다.

"정치인들아, 너희는 화장실 거울 앞에서 양심 좀 씻어라."
나는 그 문장을 읽고 피식 웃음이 났다. 그러나 곧 씁쓸함이 밀려왔다. 국회의 복도에서 보았던 계산과 흥정의 얼굴들이 떠올랐기 때문이다. 화장실 벽에 적힌 낙서는, 때로는 신문 사설보다 더 정직한 현실 비판이었다.

낙서에는 웃음도 있었다.
"인생은 짧다. 휴게소 우동은 길다."
소소한 농담이었지만, 지친 기사들에게 잠깐의 미소를 선물했다. 이런 낙서들은 고단한 노동의 무게 속에서 잠시 숨 돌릴 수 있는 여백이었다. 웃음은 언제나 벽에 기대어 우리를 기다리고 있었다.

그러나 그 벽에는 슬픔 또한 스며 있었다.
"아버지, 이제 그만 쉬세요. 제가 대신 짐 나르겠습니다."
아마도 화물차를 몰던 아들의 글일 것이다. 혹은 아버지를 떠나보낸 이의 절절한 고백일 수도 있다. 그 한 줄이 내 마음을 울렸다. 낙서라 부르기엔 너무 깊은 문장이었다. 도로 위에서 가족을 위해 목숨처럼 핸들을 잡던 수많은 아버지들의 얼굴이 스쳐갔다.

나는 깨달았다. 화장실 벽은 단순한 낙서판이 아니라, 이름 없는 민중들의 작은 도서관이었다. 신문에는 나오지 않는 이야기, 방송에서는 들을 수 없는 진실, 권력의 회의실에서는 결코 다루지 않는 삶의 언어가 그 벽에 적혀 있었다.

트럭 기사들은 잠시 머무는 그 공간에서 서로 보지 못한 얼굴을 대신해 글을 남겼다. 누군가는 사랑을, 누군가는 분노를, 누군가는 그리움을. 그것들이 모여 벽을 메웠다. 나는 그 앞에 서서 마치 한 권의 시집을 읽는 듯한 기분이 들었다.

길 위에서 사람들은 늘 바쁘다. 그러나 화장실 벽 앞에서는 모두가 잠시 멈춘다. 그리고 그 멈춤 속에서, 우리는 서로의 마음을 엿본다. 낯선 이의 글씨 속에서 나의 얼굴을 발견하는 것이다. 그것이 낙서의 힘이었다.

나는 휴게소를 떠나며 다시 마음속에 새겼다.
"사람의 진실은 때로 큰 무대가 아니라, 작은 벽에 남긴 흔적 속에 있다."

트럭의 바퀴는 다시 굴러갔고, 길 위의 또 다른 벽과 또 다른 이야기들이 나를 기다리고 있었다.

지역 장터, 서민의 숨결

트럭 짐칸 가득 채소와 과일을 싣고 지역 장터에 도착하면, 가장 먼저 들려오는 소리는 사람들의 목소리다. "아이고, 이리 와, 싱싱한 배추 좀 보고 가소!" "사과 달아요, 맛만 봐요!" 장터의 소리는 언제나 삶의 리듬처럼 분주하다. 그 리듬 속에 내가 옮겨온 짐들이 풀려나고, 서민들의 하루가 본격적으로 시작된다.

어느 늦가을 아침, 장터에 배추를 내리는데, 허리가 굽은 할머니가 내 손을 붙잡았다. "아저씨, 이렇게 제때 실어주니 우리가 장사할 수 있지요." 주름 깊은 얼굴에는 고마움과 안도감이 묻어 있었다. 나는 웃으며 대답했지만, 그 말은 내 마음에 오래 남았다. 내 일이 단순히 물건을 나르는 것이 아니라, 누군가의 삶을 지탱하는 일이었음을 새삼 깨달았다.

장터에는 늘 희비가 교차한다. 어떤 상인은 아침부터 손님이 몰려들어 활짝 웃지만, 또 다른 이는 하루 종일 손님이 없어 주머니 속 계산기를 붙잡고 한숨을 내쉰다. 나는 그런 풍경 속에서 서민들의 현실을 본다. 경제지표 속 성장률과 물가 상승률이 아니라, 실제 얼굴에 새겨진 기쁨과 절망을.

점심 무렵, 장터 구석에서는 막걸리 한 잔에 위로를 나누는 상인들의 모습도 보인다. "어제는 손해 봤지만, 오늘은 좀 낫네." "그래도 살아야지. 내일은 또 모르잖아." 그들의 대화는 통계보다 진실했고, 한숨 속에도 웃음을 잃지 않으려는 힘이 있었다.

나는 때때로 장터에서 음악을 떠올린다. 장터의 소란은 혼란이 아니라 하나의 교향곡 같았다. 파 한 단을 파는 목소리가 바이올린처럼 날카롭게 울리고, 고등어를 내놓는 상인의 외침은 북소리처럼 깊게 울렸다. 그 소리들이 얽히고설키며 만들어내는 장터의 음악은, 바로 민중의 교향곡이었다.
장터의 풍경 속에서 슬픔 또한 피어난다. 한 모퉁이에서 손을 잡은 노부부가 서 있었다. 몇 시간째 물건이 팔리지 않아 발만 동동 구르던 그들의 얼굴에는 지친 그림자가 드리워져 있었다. 나는 그 짐을 다시 싣는 마음으로, 그들의 체념을 바라보았다. 살아간다는 것은 끝없는 반복 속에서도 꺾이지 않는 의지라는 것을, 그 부부의 모습이 말해주었다.

나는 장터에서 글을 떠올린다. 여기서는 문학이 멀리 있지 않았다. 장터의 외침 하나, 웃음 하나, 한숨 하나가 곧 시이자 소설이었다. 정치가 놓친 삶, 경제가 설명하지 못한 생존, 그것이 장터에 고스란히 새겨져 있었다.
트럭으로 돌아와 짐칸을 닫으며 나는 생각했다. 내 트럭은 장터와 도시를 잇는 다리다. 그 다리 위에서 사람들의 희망과 절망이 함께 오가고 있다. 나는 단순히 화물을 옮기는 기사가 아니라, 이 다리 위에서 사람의 이야기를 싣고 나르는 증인이다.
그리고 오늘도 다짐한다.
"희망은 멀리 있지 않다. 장터의 소란과 웃음, 그리고 주름진 얼굴 속에 이미 숨 쉬고 있다."
엔진이 다시 울리고, 길 위의 또 다른 장터와 또 다른 숨결이 나를 기다리고 있었다.

재래시장의 뜨거운 숨결

 재래시장은 늘 뜨거웠다. 계절이 겨울이든 여름이든, 시장 골목에 들어서는 순간 사람들의 열기와 숨결이 공기를 달궜다. 나는 새벽에 실어온 짐을 내리고 시장 안으로 들어섰을 때, 늘 같은 느낌을 받는다. 이곳은 단순한 거래의 장이 아니라, 사람들의 삶이 모여들어 서로를 지탱하는 거대한 그물망이었다.

 골목 입구에서는 생선을 파는 상인이 힘껏 목청을 높였다. "오늘 바다에서 막 잡아온 거요! 살아 있습니다!" 그의 손에는 아직 비늘이 번쩍거리는 고등어가 들려 있었다. 옆 가게에서는 두부 장수가 뜨끈한 두부를 잘라내며 연기를 피워 올렸다. 김이 모락모락 피어나는 두부통은 시장의 한가운데서 온기를 퍼뜨렸다. 그 향기에 이끌려 아이가 "엄마, 배고파"라며 투정을 부렸다. 순간, 나는 웃음을 참을 수 없었다.

 시장의 공기는 단순히 소란스러운 것이 아니었다. 그것은 사람들의 숨결로 가득 찬 교향곡 같았다. 가격을 흥정하는 소리, 장바구니를 메고 달그락거리는 발걸음, 국밥집에서 들려오는 웃음소리. 서로 다른 음이 모여 하나의 음악이 되었고, 그 음악은 삶의 뜨거운 리듬이었다.

그러나 그 뜨거움 속에는 눈물도 있었다. 구석 가게에서 늙은 할머니가 말 없이 고개를 떨군 채 앉아 있었다. 지나가는 손님은 많았지만, 그녀의 좌판 위에 놓인 채소에는 아무도 손을 대지 않았다. 나는 무심코 다가가 채소 한 봉지를 집어 들었다. "얼마예요?" 그러자 할머니의 눈가가 환하게 빛났다. "아이고, 그냥 가져가도 되는데…" 그 웃음에는 안도와 고마움이 뒤섞여 있었다. 한 봉지 채소가 단순한 거래가 아니라, 그날 그녀의 삶을 이어주는 다리였다.

시장은 희망도 품고 있었다. 새로 가게를 연 청년이 분주히 손님을 맞으며 활기찬 목소리로 외쳤다. "서비스 더 얹어드릴게요!" 그의 이마에는 땀이 맺혔지만, 눈빛은 희망으로 빛났다. 장터는 늘 어렵다고 하지만, 그 청년의 얼굴은 분명 미래를 향해 있었다. 나는 그 모습에서 오래전 리비아 사막에서 사람들을 구하던 순간의 눈빛을 떠올렸다. 위기의 순간에도 살아야 한다는 의지가 사람을 일으킨다는 것을.

시장에서 풍자는 또 다른 얼굴로 나타났다. 어떤 상인은 흥정을 거듭하던 손님에게 농담처럼 말했다. "국회의원님 같으셔, 끝까지 가격을 안 내리시네." 순간 주변이 웃음바다가 되었고, 그 웃음은 잠시나마 삶의 무게를 덜어주었다. 민중은 언제나 웃음으로 권력을 비틀어 풍자했다. 그것은 시장의 지혜이자 살아남는 법이었다.

해가 저물 무렵, 시장은 또 다른 풍경으로 변했다. 상인들은 남은 물건을 정리하며 피곤에 젖은 몸을 추슬렀다. 그러나 그들의 얼굴에는 여전히 온기가 남아 있었다. 하루 종일 힘들었지만, 내일도 다시 이곳에서 삶을 이어갈 것이다. 그 반복 속에서 시장은 단순한 거래장이 아니라, 사람들의 숨결이 모여드는 삶의 무대가 된다.

나는 트럭으로 돌아와 짐칸을 닫으며 다시금 다짐했다. 내가 옮기는 짐은 단순한 물건이 아니라, 이 시장의 뜨거운 숨결이었다. 그것이 모여 서민의 삶을 지탱하고, 사회를 움직인다.

그리고 스스로에게 속삭였다.
"희망은 화려한 빌딩이 아니라, 땀과 웃음이 뒤섞인 시장 골목에서 숨 쉬고 있다."

길 위에서 나는 또 다른 시장과 또 다른 숨결을 향해 출발했다.

산업재해의 사연을 싣고

트럭 짐칸에는 때때로 눈에 보이지 않는 무게가 실린다. 공장에서 만들어진 철골, 건설현장에 필요한 자재, 그 속에는 단순히 물건만이 아니라 사람들의 고단한 땀과, 때로는 피와 눈물이 함께 섞여 있었다. 나는 그것을 운반하면서 산업재해의 그림자를 자주 떠올렸다.

몇 해 전, 한 건설현장에서 안전장치가 부실해 추락사고가 일어났다. 20대 청년이 발판에서 미끄러져 끝내 숨을 거두었고, 그의 동료들이 울며 내 트럭에 자재를 실었다. 그들은 입을 굳게 다물었지만, 손끝은 떨리고 있었다. 자재를 싣는 손길 하나하나에 친구를 잃은 충격과 슬픔이 고스란히 배어 있었다. 나는 말없이 핸들을 잡았지만, 마음은 무겁게 가라앉았다. 자재를 옮기는 내 어깨 위에, 청년의 미완의 삶까지 실려 있는 듯했다.

또 다른 날에는 공장에서 사고로 다친 노동자의 유품을 가족에게 전달해야 했다. 헬멧과 장갑, 낡은 작업복이 담긴 작은 상자를 싣고 가는 길은 유난히 길고 버거웠다. 상자를 안은 어머니의 눈빛은 말할 수 없는 슬픔으로 젖어 있었다. 그녀는 내게 "이게 다냐"고 물었지만, 나는 아무 대답도 할 수 없었다. 그날 밤, 나는 도로 위에서 펜을 들어 일기를 썼다. '사람을 살리는 일이 내 운명이라면, 오늘 나는 너무 늦게 도착했다.'

그러나 이 무거운 사연 속에서도 희망은 피어났다. 어떤 현장에서는 산업재해를 겪은 동료를 위해 기사들이 자발적으로 모금해 가족을 도왔다. 작은 봉투 하나가 전해질 때, 그 안에는 돈보다 더 큰 연대와 위로가 담겨있었다. 그 손길을 보며 나는 다시금 깨달았다. 고통은 사람을 무너뜨리지만, 동시에 사람을 묶어주는 힘이 되기도 한다는 것을.

산업재해는 단순히 뉴스 속 사건이 아니었다. 그것은 내가 싣는 화물 속에서, 도로 위에서 매일 이어지고 있었다. 땀으로 번들거리는 철근, 기름때 묻은 기계 부품, 그리고 때로는 이름 없는 노동자의 피와 눈물이 스며든 물건들. 나는 그것들을 운반하며 늘 묻는다. "우리는 과연 이들의 희생 위에 어떤 세상을 세우고 있는가."

휴게소에서 만난 한 동료 기사는 내게 이런 말을 했다. "형님, 우리가 싣는 건 짐이 아니라 사람의 사연입니다." 그 말은 가슴 깊이 새겨졌다. 맞다. 우리는 단순한 운송자가 아니라, 사회의 기록자였다. 우리의 트럭은 도로 위의 검은 박스가 아니라, 민중의 눈물과 희망을 담는 또 하나의 장부였다.

오늘도 나는 자재를 싣고 현장으로 향한다. 내 앞에 놓인 짐은 무겁지만, 그 속에 담긴 사람들의 목소리를 잊지 않으려 한다.
그리고 이렇게 다짐한다.
"산업재해를 줄이는 가장 큰 안전장치는 법도, 장비도 아닌, 사람이 사람을 귀하게 여기는 마음이다."

트럭의 바퀴는 무겁게 굴러가지만, 그 무게가 전하는 사연은 아직 끝나지 않았다.

장례식장 앞의 흰 국화

트럭 짐칸에 흰 국화를 가득 실은 날은 언제나 마음이 무겁다. 그 꽃들이 향하는 곳은 축복의 자리가 아니라, 마지막 이별의 자리이기 때문이다. 국화의 향기는 은은하지만, 그 향기 속에는 늘 깊은 슬픔이 깃들어 있었다. 나는 핸들을 잡으며 묵묵히 생각했다. 오늘도 누군가는 사랑하는 이를 떠나보낸다.

그날도 마찬가지였다. 빗줄기가 장대처럼 쏟아지는 여름 오후, 나는 한 장례식장으로 향했다. 와이퍼가 쉼 없이 앞유리를 훑었지만, 시야는 뿌옇게 흐려졌다. 비 때문인지, 아니면 내 눈시울 때문인지 알 수 없었다. 장례식장 입구에는 검은 양복을 입은 사람들이 서 있었고, 그들의 얼굴은 무겁게 드리워져 있었다.
내가 국화를 내리는 동안, 유족 중 한 여인이 다가왔다. 그녀는 꽃송이를 쓰다듬으며 말했다. "기사님, 이 꽃들이 우리 아들의 마지막 길을 밝혀줄 거예요." 순간, 나는 대답할 말을 잃었다. 짐을 내리던 손끝이 떨리고, 가슴속에 무언가가 꽉 차올랐다. 국화는 단순한 꽃이 아니었다. 그것은 어머니의 눈물이었고, 아들의 이름 없는 무덤 앞에 놓일 마지막 위로였다.

장례식장 안에는 고요가 흘렀다. 흰 국화가 영정 앞에 하나둘 놓일 때마다, 울음은 점점 커져 갔다. 아버지는 이를 악물고 울음을 삼켰지만, 그 굳은 표정 속에서도 눈물이 흘러내렸다. 어린 손주가 작은 손으로 국화 한 송이를 내려놓으며 "할아버지, 잘 가요"라고 속삭였다. 그 순간, 나는 눈을 감고 고개를 숙였다. 트럭 기사로서 수많은 화물을 실어 나르지만, 그날처럼 가슴 깊이 무겁게 느껴진 적은 드물었다.

도로 위의 삶은 늘 바쁘다. 그러나 장례식장 앞에서는 모두가 멈춘다. 권력자도, 노동자도, 부자도, 가난한 자도. 죽음 앞에서는 누구나 같은 자리에 서게 된다. 흰 국화는 그 평등의 상징이었다. 그리고 그 평등은 우리에게 묻는다. "너희는 살아 있는 동안 서로를 어떻게 대하고 있느냐."
휴게소에서 만난 기사 동료들은 자주 이렇게 말했다. "결국 우리도 다 같은 길로 가잖아." 그 말은 허무가 아니라, 오히려 삶을 더 뜨겁게 살라는 다짐처럼 들렸다. 장례식장의 국화를 나르며 나는 그 말을 다시 떠올렸다. 맞다. 결국 우리 모두는 같은 길을 간다. 그렇다면 살아 있는 동안 더 많이 사랑하고, 더 많이 나누어야 하지 않겠는가.

장례식장을 떠나 다시 도로에 올랐을 때, 트럭 짐칸은 비어 있었다. 그러나 내 마음은 묘하게 가득 차 있었다. 흰 국화가 전한 메시지가 내 가슴속에 깊이 자리 잡았기 때문이다.
그리고 나는 스스로에게 속삭였다.
"죽음은 끝이 아니라, 남은 자들에게 서로를 더 귀하게 여기라는 마지막 당부다."
트럭의 바퀴는 다시 굴러갔고, 그 위에는 또 다른 사람들의 삶과 희망이 실리고 있었다.

눈물 젖은 화물칸

트럭 화물칸은 언제나 무겁다. 그러나 그 무게는 단순히 짐의 무게가 아니다. 때로는 보이지 않는 눈물까지 함께 실려 있다. 나는 운전석에 앉아 뒤편에서 들려오는 작은 진동을 느낄 때마다, 그 속에 담긴 삶의 무늬들을 떠올리곤 한다.

어느 날 새벽, 나는 한 공장에서 물건을 싣고 있었다. 포장 상자 하나하나에 붙은 라벨은 평범했지만, 상자를 들고 오는 젊은 노동자의 얼굴은 어딘가 굳어 있었다. 그는 말을 아꼈다. 짐을 다 싣고 돌아서던 순간, 다른 동료가 낮은 목소리로 속삭였다. "저 친구, 어제 아버지 돌아가셨대요. 근데 장례비가 없어서 오늘도 일 나온 거예요." 그 말을 듣는 순간, 나는 뒤통수를 얻어맞은 듯 멍해졌다. 내 트럭에 실린 것은 단순한 공산품이 아니었다. 그것은 아버지를 떠나보낸 아들의 눈물이자, 가난이 강요한 침묵이었다. 화물칸은 이미 눈물로 젖어 있었다.

또 다른 날, 나는 농촌에서 배추를 가득 싣고 시장으로 향했다. 농민은 허리를 굽힌 채 배추를 옮기며 연신 말했다. "올해 작황이 안 좋아서 반은 망쳤지요. 이거라도 잘 팔려야 살 수 있는데…" 그의 말은 허공에 흩어지지 않았다. 그 무거운 배추 상자마다 절망과 희망이 함께 담겨 트럭 안으로 들어왔다. 나는 핸들을 잡으며 생각했다. 이 배추가 제값을 받지 못한다면, 저 농민의 삶은 어디로 가야 하나. 화물칸은 다시 농부의 한숨과 눈물로 젖어 들었다.

화물칸은 웃음도 담는다. 결혼식을 앞둔 집에서 꽃과 선물을 싣던 날, 신부의 아버지가 내게 말했다. "기사님, 우리 딸 잘 부탁합니다." 꽃송이 사이로 번지는 웃음과 설렘은 화물칸을 향기로 가득 채웠다. 그러나 그 웃음조차 눈물이 함께 스며 있었다. 딸을 떠나보내는 아버지의 마음은 기쁨과 슬픔이 교차하는 눈물이었기 때문이다.

나는 깨달았다. 트럭 화물칸은 단순한 물건의 저장 공간이 아니라, 사람들의 사연이 겹겹이 쌓이는 공간이라는 것을. 기쁨이든 슬픔이든, 그것은 눈물이 배어든 짐으로 바뀌어 나의 길 위에 함께 달렸다.

휴게소에서 만난 한 동료 기사는 이렇게 말했다. "형님, 화물칸에 짐만 싣는 게 아닙니다. 거기엔 사람들의 인생이 함께 올라타는 거죠." 그의 말은 농담 같았지만, 나는 진심으로 받아들였다. 도로 위를 달리는 모든 트럭은 결국 눈물 젖은 화물칸을 싣고 있는 것이었다.

나는 오늘도 길 위에서 스스로에게 묻는다. '내가 실어 나르는 것은 무엇인가?' 답은 늘 같다. 그것은 물건이 아니라, 사람들의 삶과 눈물이다. 그 눈물이야말로 나를 다시 글쓰게 하고, 다시 운전하게 하는 힘이었다.

그리고 이렇게 다짐한다.

"눈물로 젖은 화물칸을 잊지 않는 한, 나는 여전히 사람을 나르는 길 위에 있다."

트럭의 바퀴는 다시 굴러가고, 그 뒤편 화물칸에는 오늘도 보이지 않는 눈물이 함께 흔들리고 있었다.

정치인의 현수막과 기사들의 한숨

선거철이 다가오면 도로 위 풍경은 달라진다. 가로등마다, 다리 난간마다, 심지어 고속도로 휴게소 입구까지 알록달록한 현수막이 걸린다. "국민을 섬기겠습니다." "민생 최우선!" 문구는 거창했다. 그러나 그 현수막 아래를 지나는 화물차 기사들의 표정은 하나같이 무겁고 씁쓸했다.

나는 장거리 운행 중 휴게소에 들렀다가, 현수막 하나를 보고 피식 웃은 적이 있다. "서민의 친구가 되겠습니다." 그러나 그 바로 옆 쓰레기통은 가득 차 넘쳐났고, 기사들은 허기진 배를 달래려 비싼 컵라면을 들고 있었다. 누군가 중얼거렸다. "친구라면 라면값부터 좀 내려주지." 웃음이 터졌지만, 그 웃음은 오래가지 못했다. 그것은 허무한 농담에 불과했기 때문이다.

선거철이면 정치인들은 공약을 쏟아낸다. "화물 운임 현실화!" "노동자 복지 확대!" 그러나 선거가 끝나면 그 약속들은 종종 휴지조각이 되었다. 기사들은 단속과 벌금 속에서 여전히 신음했고, 기름값 앞에서 여전히 한숨 쉬었다. 도로 위의 현실은 현수막의 구호와 너무 달랐다.

기사들 사이에서는 이런 우스갯소리가 돌았다. "현수막은 바람에 펄럭여도, 우리 주머니는 바람만 분다." 또 다른 이는 말했다. "정치인들은 선거철에만 기사님, 기사님 하지. 평소엔 과속 단속할 때만 기사님이야." 모두 웃었지만, 그 웃음 속에는 뼈가 있었다. 풍자는 우리의 유일한 방패였고, 해학은 고단한 현실을 견디는 방식이었다.

나는 트럭을 몰며 현수막들을 바라보았다. 화려한 색채와 번쩍이는 구호들 속에, 정작 민중의 얼굴은 없었다. 그 문구 속 '국민'이란 도대체 누구를 가리키는가. 허리를 굽혀 채소를 옮기는 농부인가, 비 오는 새벽에도 길 위를 달리는 기사들인가. 아니면 단지 표로 계산된 숫자들인가.

한번은 도심을 지나다, 거대한 현수막에 적힌 글귀를 보았다. "행복한 나라, 든든한 서민." 바로 그 아래 고가도로 위에서는 기사들이 기름값 때문에 운행을 멈추고 집회 중이었다. 아이러니였다. 위에서는 행복을 외치는데, 아래에서는 절망이 울리고 있었다.

그러나 나는 그 현수막을 무조건 비웃을 수만은 없었다. 왜냐하면, 결국 희망을 버리지 못하는 것도 우리 민중이기 때문이다. 기사들은 여전히 내일을 위해 운전대를 잡고, 농부는 다시 밭으로 나가고, 상인은 다시 장터에 나선다. 우리는 늘 배신당하면서도, 언젠가 진짜 변화를 바라는 마음을 버리지 못한다. 그것이 민중의 힘이자 약점이었다.

나는 다시 길 위에서 스스로에게 물었다. '정치란 무엇인가?' 화려한 현수막일까, 아니면 도로 위를 달리는 무거운 트럭일까. 내 대답은 분명했다. 정치란 말이 아니라, 사람들의 얼굴이었다. 그 얼굴이 없는 정치라면, 아무리 큰 글씨로 '민생'을 외쳐도 그것은 공허한 현수막일 뿐이다.

그리고 오늘도 다짐한다.
"현수막은 바람에 펄럭이지만, 사람의 삶은 땅 위에서 버틴다. 정치는 구호가 아니라, 한숨을 덜어주는 손길이어야 한다."

도로 위의 현수막은 금세 바람에 찢겨 나가겠지만, 기사들의 바퀴는 여전히 길을 달리고 있었다.

제3 부

고향 길, 그리움의 노래
귀향길 휴게소의 풍경
길 위에서 만난 역사의 그림자
도로 위에서 배우는 민주주의
도로와 광장, 그리고 민중의 얼굴
서민의 밥상, 역사의 자리
소박한 웃음, 민중의 희망
길 위의 노래, 시대의 리듬
도로 위의 침묵, 시대의 메아리
비와 눈, 그리고 길 위의 시

제3 부

고향 길, 그리움의 노래

설이 다가오면 도로는 변한다. 평소에는 차갑게만 느껴지던 아스팔트 위가 갑자기 들끓기 시작한다. 고향으로 향하는 수많은 차량들이 도로를 가득 메우고, 그 속에는 저마다 다른 사연과 얼굴이 담겨 있다. 나 또한 짐을 싣고 고향으로 향하는 길에 올랐다. 트럭의 짐칸에는 제사에 쓰일 과일 상자가 실려 있었고, 운전석에는 내 마음속 그리움이 동승해 있었다.

휴게소는 작은 고향 같았다. 설날을 앞두고 가족들에게 줄 선물을 고르는 사람들, 고향집으로 전할 떡을 포장하는 이들로 분주했다. 나는 국밥 한 그릇을 들이키며 옆자리에 앉은 낯선 기사와 이야기를 나누었다.
"형님, 이번 설에 고향 내려가세요?"
그는 쓴웃음을 지으며 대답했다. "내려가고 싶지요. 근데 운행이 밀려서… 난 고향도 못 가고, 다른 사람들 짐만 실어 나릅니다."
순간, 우리는 함께 웃었지만, 그 웃음 속에는 뼈가 있었다. 기사들은 늘 남들의 그리움을 실어 나르면서도 정작 자기 그리움은 뒤로 미뤄야 했다.

도로 위에는 풍경과 사연이 교차했다. 창문 밖으로 스쳐가는 산과 강은 여전히 고향의 얼굴을 닮아 있었다. 그러나 차 안에는 아이들의 울음, 부모의 다툼, 연인의 웃음이 얽혀 있었다. 어떤 차에서는 신나는 노래가 흘렀고, 다른 차에서는 전화기 너머로 "엄마, 조금 늦을 거 같아"라는 다급한 목소리가 들렸다. 도로 전체가 거대한 인간극장이었다.

나는 트럭 속에서 오래전 내 고향을 떠올렸다. 겨울밤, 아궁이 불길에 발을 녹이며 들었던 어머니의 자장가, 새벽녘 닭 울음소리에 잠을 깨던 기억. 그 모든 장면이 라디오에서 흘러나오는 옛 노래와 겹쳐졌다. "고향이 그리워도 못 가는 신세…" 가수의 목소리는 내 가슴속 그리움의 줄을 세차게 퉁겼다.

그러나 고향 길은 언제나 낭만만 있는 것은 아니었다. 도로 위의 체증 속에서 기사들은 한숨을 내쉬었다. 기름은 빠르게 소모되고, 지갑은 가벼워졌다. 나는 무전기로 들려오는 익살맞은 농담에 피식 웃었다.
"형님들, 고향 가는 길이 아니라, 지옥 가는 길 같소!"
모두 웃음소리를 터뜨렸지만, 그 웃음은 체증의 고통을 잠시 덮어주는 얇은 이불 같았다.

도착지에 가까워지자, 짐칸의 과일은 단순한 상품이 아니라, 고향집 상 위에 오를 제사 음식이자, 가족의 얼굴을 밝히는 선물이 되었다. 나는 화물을 내리며 농부의 손길과 상인의 땀방울, 그리고 가족의 그리움이 한데 어우러져 있음을 느꼈다.

돌아오는 길에 나는 깨달았다. 고향이란 단순히 땅의 이름이 아니었다. 그것은 사람들의 마음속에 여전히 살아 있는 그리움의 노래였다. 그리고 우리는 그 노래를 잊지 않으려 오늘도 길 위에 오른다.

나는 이렇게 다짐한다.
"고향은 우리가 돌아가는 곳이 아니라, 우리 마음속에서 늘 부르는 노래다."

트럭의 바퀴는 다시 굴러갔고, 길 위에는 여전히 수많은 고향의 노래가 흘러넘치고 있었다.

귀향길 휴게소의 풍경

명절이면 고속도로 휴게소는 거대한 민중의 광장이 된다. 기름 냄새와 국밥 냄새가 뒤섞인 공간에, 수천 명의 사람들이 스쳐 지나며 각자의 애환을 남기고 간다. 나는 그곳에서 단순한 풍경이 아니라, 시대의 맨얼굴을 본다.

한쪽에서는 새 옷을 입은 아이가 웃음을 터뜨리며 달리고, 다른 쪽에서는 허리 굽은 노인이 벤치에 앉아 먼 길에 지친 다리를 주무르고 있었다. 그 사이에서 기사들은 잠깐의 휴식을 취하며 서로의 삶을 토막처럼 나눴다.
"운임은 제자리인데, 기름값만 미친 듯 올라요."
"정치인들은 서민의 삶을 안다고 하지만, 여기 와서 우리랑 국밥 한 그릇 먹어본 적 있습니까?"
그 목소리들은 결코 연설문 속 수사로 담을 수 없는, 살아 있는 역사였다.

휴게소의 식당 안, 한 어머니가 아이에게 밥을 먹이며 중얼거렸다. "이 밥 한 숟갈이 아빠 땀 덕분이란다." 그 아이는 아무렇지 않게 고개를 끄덕였지만, 나는 그 말 속에서 서민 가정의 진실을 보았다. 아버지의 고단한 노동, 어머니의 절약, 아이의 소박한 희망. 그것이 이 나라를 지탱해온 기둥이었다.

그러나 그 기둥은 늘 외면당했다. 위정자들의 눈에는 거대한 공사 현장, 화려한 빌딩, 대규모 개발만 보였을 뿐, 휴게소에 앉아 국밥을 떠먹는 소시민의 얼굴은 보이지 않았다. 국밥 한 그릇을 더 저렴하게 먹게 해주는 정책 하나, 땀 흘려 일한 대가를 제값 받게 하는 제도 하나 제대로 마련되지 않았다.

나는 역사책 속 민중의 소리를 떠올렸다. 동학 농민군의 외침, 전태일의 절규, 거리에서 울리던 민주화의 함성. 그것들은 모두 소시민의 목소리에서 비롯되었다. 그리고 지금 이 휴게소에도 그 목소리가 살아 있었다. 다만 확성기가 없고, 현수막이 없을 뿐이었다. 대신 낡은 잠바와 굳은 손, 국밥 그릇 위에 서려 있었다.

휴게소 앞마당에서 기사들이 잠시 모여 담배를 나눌 때, 누군가 농담처럼 말했다. "우리도 역사를 움직이는 사람들이에요. 우리가 멈추면 나라가 멈추니까." 모두가 웃었지만, 그 말은 사실이었다. 도로 위를 달리는 트럭은 단순한 화물이 아니라, 민중의 생존을 싣고 있었기 때문이다.

나는 생각했다. 언젠가 이 나라의 역사를 쓰는 이가 있다면, 꼭 기록해야 할 장면은 이 휴게소의 풍경이라고. 여기에는 민중의 눈물이 있고, 웃음이 있고, 시대가 있다. 권력자들의 화려한 회의실이 아니라, 허기진 배를 채우며 다시 길을 준비하는 이 작은 공간 속에.

그리고 나는 스스로에게 다짐했다.

"민중의 소리를 듣지 못하는 정치는 역사가 심판한다. 그러나 민중의 숨결을 기록한 글은 반드시 역사가 기억한다."

휴게소를 나서며, 나는 또다시 길 위로 나섰다. 그 길 위에서 나는 역사의 한 줄을, 민중의 한숨을, 그리고 희망의 작은 불씨를 함께 나르고 있었다.

길 위에서 만난 역사의 그림자

트럭이 달리는 도로는 단순한 아스팔트 위가 아니다. 그 길 위에는 시대의 흔적이 켜켜이 쌓여 있다. 전쟁이 남긴 상흔, 산업화의 먼지, 민주화의 피, 그리고 지금도 이어지는 민중의 한숨. 나는 핸들을 잡으며 늘 생각한다. 이 길 위를 달리는 바퀴는 결국 역사를 밟고 있다.

어느 여름, 나는 광주를 지났다. 푸른 산자락과 평온한 거리는 고요했지만, 내 마음은 묵직했다. 1980년 그곳에서 흘린 피와 눈물이 지금도 아스팔트 아래 숨 쉬고 있다는 것을 알았기 때문이다. 휴게소에서 만난 한 노인은 말했다. "그날 아들놈이 집에 돌아오지 않았어. 아직도 고속도로 달리는 트럭 소리만 들리면 가슴이 철렁해." 그의 눈빛은 이미 반세기를 건넌 듯 깊었지만, 슬픔은 여전히 현재형이었다.

나는 부산항으로 화물을 내리러 간 적도 있었다. 항구의 컨테이너들이 끝없이 쌓여 있었고, 거대한 크레인이 바삐 움직였다. 그러나 그곳은 1970년대 노동자들의 땀과 피로 쌓인 자리였다. 그 시절, 근로기준법 준수를 외치던 젊은 재단사가 "근로기준법을 준수하라!"는 외마디를 남기고 세상을 떠났던 것을, 우리는 잊어서는 안 된다. 트럭에 실린 철골과 원자재 속에, 아직도 그의 목소리가 울리고 있었다.

서울 한복판 도로 위에서 나는 촛불의 물결을 본 적이 있다. 아이를 등에 업은 어머니, 손을 잡은 아버지, 그리고 휴대폰 불빛을 흔드는 청년들. 도로는 그날, 단순한 길이 아니라 광장이었다. 민중은 스스로 역사였고, 그날의 함성은 지금도 내 귀에 남아 있다. 그 도로를 달리며 나는 깨달았다. 도로는 단순히 이동의 공간이 아니라, 역사가 새겨지는 캔버스라는 것을.

그러나 역사의 그림자는 언제나 밝기만 한 것은 아니었다. 어떤 길 위에서는 소시민의 좌절이 그림자로 남았다. 정리해고로 쫓겨난 노동자가 들고 서 있던 피켓, 배달료를 받지 못해 빚더미에 오른 청년, 하루 벌어 하루를 사는 노점상들의 무너진 좌판. 위정자들은 그 길을 지나쳤지만, 나는 그 위를 달리며 그들의 한숨을 짐처럼 실었다.

기사들 사이에서는 이런 농담이 돈다.
"역사는 위정자가 쓰지만, 진짜 역사는 우리 바퀴가 먼저 밟는다."
웃음 섞인 농담이었지만, 그 말은 진실이었다. 역사의 현장은 늘 민중의 땀과 눈물 위에서 시작되었고, 권력자는 뒤늦게 기록만 남겼다.
나는 트럭을 몰며 자주 묻는다. "만약 역사가 우리를 외면한다면, 우리는 어떻게 살아야 하는가?" 답은 늘 같다. 민중은 외면당하면서도 다시 일어선다는 것. 그것이 수천 년을 이어온 우리의 역사 정신이었다.

오늘도 도로 위를 달리며 나는 깨닫는다. 길 위에서 만난 그림자는 단순한 과거가 아니다. 그것은 현재를 비추는 거울이자, 미래로 건너가야 할 다리다.

그리고 이렇게 다짐한다.
"권력은 역사를 쓴다고 믿지만, 진짜 역사는 길 위의 민중이 남긴 발자국에서 시작된다."

트럭의 바퀴는 여전히 굴러가고, 도로 위의 그림자는 여전히 나와 함께 달리고 있었다.

도로 위에서 배우는 민주주의

 트럭의 바퀴는 오늘도 쉼 없이 굴러간다. 그러나 내가 달리는 이 도로는 단순한 교통로가 아니다. 때로는 광장이 되고, 때로는 법정이 되며, 때로는 학교가 된다. 나는 도로 위에서 민주주의를 배웠다. 교과서가 아닌 사람들의 얼굴에서, 연설이 아닌 민중의 외침에서.

 몇 해 전 겨울, 나는 서울 도심을 달리며 수많은 촛불을 보았다. 아이를 안은 어머니, 퇴근길에 합류한 직장인, 할머니와 손주의 작은 손. 그들이 추운 거리에 서서 흔들던 불빛은 단순한 불이 아니었다. 그것은 민주주의의 심장이 뛰는 소리였다. 트럭 안에서 그 불빛을 바라보던 나는, 이 나라가 아직 살아 있음을 실감했다.

 그러나 민주주의는 단지 광장에서만 배우는 것이 아니었다. 고속도로 휴게소의 기사 식당에서도 배웠다. 기사들이 국밥을 나누며 나눈 대화 속에는 늘 정의와 불평등의 문제가 있었다.
 "왜 운임은 제자리에 머무는데 기름값만 뛰냐."

"정치인들은 우리 표 필요할 때만 서민 찾지 않냐."
투박한 목소리였지만, 그 속에는 민주주의의 근본 정신이 있었다. 권력의 귀를 울리지 못했을 뿐, 그것은 분명 민중의 의회였다.

나는 도로 위에서 아이러니도 배웠다. 선거철이 되면, 가로등마다 "민생 최우선"이라는 현수막이 펄럭였다. 그러나 그 아래를 달리는 기사들은 기름값에 한숨을 쉬고 있었다. 풍자는 자연스럽게 따라왔다.
"민생이 최우선이라면서, 왜 우리 민생은 늘 꼴찌냐."
웃음이 터졌지만, 그 웃음은 날카로운 풍자의 칼날이었다. 민주주의는 그렇게 길 위에서 서민들의 농담 속에 살아 있었다.

슬픔도 있었다. 산업재해로 젊은 노동자를 잃은 동료 기사의 이야기, 장례식장 앞에서 흰 국화를 내리던 순간, 나는 민주주의의 결핍을 실감했다. 인간의 생명이 존중받지 못하는 사회에서, 민주주의는 아직 미완이었다. 그러나 그 미완은 좌절이 아니라 과제였다.

나는 깨달았다. 민주주의는 권력자가 주는 선물이 아니라, 민중이 피와 땀으로 일군 길이라는 것을. 내가 달리는 아스팔트 위에는 수많은 발자국이 새겨져 있었다. 4월의 학생들, 5월의 시민들, 그리고 수많은 이름 없는 이들의 외침. 그 발자국을 밟고 나아가며 나는 오늘도 민주주의를 배운다.

휴게소 벤치에서 만난 한 기사가 내게 말했다.
"형님, 민주주의가 뭐 별거요? 그냥 우리 밥그릇 챙기고, 애들 학교 잘 보내고, 아프면 병원 가는 거… 그게 되는 나라면 민주주의인 거죠."
그 말은 교과서 어떤 문장보다도 정확했다.

나는 다시 길 위에서 스스로에게 다짐한다.

"민주주의는 구호가 아니라, 밥상과 학교와 병원에서 확인되는 삶이다. 그 길 위에서 민중의 목소리를 외면하는 정치라면, 역사가 심판할 것이다."

트럭의 바퀴는 다시 굴러갔고, 민주주의의 수업은 오늘도 도로 위에서 계속되고 있었다.

도로와 광장, 그리고 민중의 얼굴

트럭이 달리는 도로는 늘 민중의 삶을 비춘다. 그러나 어떤 날에는 그 도로가 광장으로 변한다. 수많은 사람들이 모여 외치고, 손을 흔들고, 노래하고, 때로는 울부짖는다. 나는 운전석에서 그 얼굴들을 바라보며 생각한다. 이 나라의 진짜 얼굴은 바로 저 광장에 있구나.

광장에는 서로 다른 목소리가 공존했다. 누군가는 더 나은 일자리를 외쳤고, 누군가는 공정한 교육을, 또 누군가는 안전한 사회를 요구했다. 목소리의 결은 달랐지만, 그 바탕에는 공통된 마음이 있었다. 더 인간다운 삶을 살고 싶다는 절실한 바람이었다.

나는 도로 위에서 그 목소리들을 실어 나른다. 화물칸에는 농부의 땀이 담긴 채소 상자가 있고, 학생들의 희망이 담긴 교과서가 있고, 환자의 생명을 살릴 약품 상자가 있다. 그것들은 모두 광장에서 울려 퍼진 목소리와 연결되어 있었다. "우리도 사람답게 살고 싶다."

광장은 언제나 빛과 그림자를 동시에 품었다. 함성 속에서 희망이 피어났지만, 그 희망이 제도로 이어지지 못할 때 슬픔이 생겼다. 서로 다른 이념이 부딪히면 갈등이 커졌다. 그러나 나는 길 위에서 깨달았다. 극우도, 극좌도 결국 민중의 얼굴을 온전히 담아내지 못한다는 것을. 민중의 얼굴은 언제나 더 다정했고, 더 복잡했으며, 더 보편적이었다.

휴게소 벤치에서 들었던 기사 동료의 말이 기억난다.
"형님, 정치인들은 광장에서 구호만 보지, 우리 얼굴은 안 봐요. 얼굴을 봤다면, 이렇게 안 살게 두었을까요."
그 말은 날카로운 풍자였지만, 동시에 깊은 진실이었다. 민주주의는 구호가 아니라 얼굴에서 시작된다.

나는 트럭의 창문을 열고 광장을 지나가며 손을 흔드는 사람들을 보았다. 눈빛은 저마다 달랐지만, 그 안에는 공통된 빛이 있었다. 그것은 삶을 더 귀히 여기려는 눈빛이었다. 나는 그 빛을 보며 다시 다짐했다.

"민중의 얼굴은 역사의 거울이다. 극단의 구호가 아니라, 그 얼굴을 정직하게 마주할 때 비로소 민주주의는 살아난다."

도로와 광장은 다시 일상으로 흩어졌지만, 그날 본 민중의 얼굴은 내 마음속에 오래 남았다.

서민의 밥상, 역사의 자리

트럭을 몰다 보면 가끔 허기를 참지 못하고 허름한 밥집에 들른다. 메뉴판에는 단출한 국밥, 김치찌개, 제육볶음이 전부지만, 그 밥상 위에는 이 나라의 삶이 고스란히 담겨 있었다. 뜨끈한 국물 속에는 노동자의 땀이 녹아 있었고, 김치 한 조각에는 농부의 노고가 배어 있었다.

어느 날, 나는 시골 장터 근처 식당에 들렀다. 점심시간이 훌쩍 지났는데도 식당 안은 여전히 붐볐다. 건설현장에서 일하다 온 인부들이 작업복 그대로 자리를 메웠다. 굵은 손가락에 묻은 시멘트가 밥그릇에 닿았지만, 누구도 개의치 않았다. 그들은 말없이 밥을 퍼 넣었고, 그 침묵 속에는 하루 벌어 하루 사는 삶의 무게가 담겨 있었다.

옆자리에서는 할머니 두 분이 김밥을 나눠 먹으며 중얼거렸다. "요즘은 장사가 안 돼. 하루 종일 앉아 있어도 오천 원 팔까 말까야."
나는 그 말을 들으며, 밥상 위 소박한 반찬이 단순한 음식이 아니라 생존의 기록임을 깨달았다. 밥상은 서민의 역사책이었다.

그러나 그 밥상은 늘 풍요롭지 않았다. 어떤 날은 식당에 들어온 중학생이 "천 원짜리 라면 하나만 주세요"라고 말하는 것을 본 적이 있다. 주인은 말 없이 달걀을 얹어주었다. 작은 자비가 눈물겹게 다가왔다. 민주주의가 거창한 제도 속에만 있는 것이 아니라, 바로 이런 밥상 위의 온정 속에 있다는 것을 나는 알았다.

정치인들은 선거 때마다 "서민 경제 살리겠다"고 외쳤다. 그러나 그들의 회의실 밥상은 서민의 밥상과 달랐다. 값비싼 호텔 만찬 속에서는 땀 냄새 대신 와인 향기가 풍겼다. 휴게소에서 기사들과 나눈 국밥 한 그릇이야말로, 진짜 민중의 목소리가 담긴 민주주의의 자리였다.

나는 트럭 짐칸에 실린 쌀 자루와 배추 상자를 바라보았다. 그것들이 시장에 풀리고, 식탁 위에 올라, 밥이 되고 반찬이 된다. 결국 내가 옮기는 짐은 서민의 밥상이자 역사의 자리를 지탱하는 뿌리였다.

한 동료 기사는 술잔을 기울이며 말했다.
"형님, 밥상만 제대로 차려줘도 세상 절반은 평화로워집니다."
그 말은 농담 같았지만, 그 속에 담긴 무게는 깊었다. 밥상은 단순히 끼니가 아니라, 인간의 존엄을 지키는 최소한의 약속이었다.

나는 오늘도 길 위에서 다짐한다.
"서민의 밥상은 곧 역사의 자리다. 밥이 무너지면 민주주의도, 사회도 함께 무너진다."

트럭의 바퀴는 다시 굴러가고, 나는 또 다른 밥상을 향해 짐을 나르고 있었다.

소박한 웃음, 민중의 희망

 도로 위를 달리다 보면, 피곤과 고단함 속에서도 사람들의 웃음을 마주할 때가 있다. 그 웃음은 크지 않았다. 그러나 소박한 미소 하나가 온갖 무게를 견디는 힘이 되곤 했다. 나는 그 웃음에서 민중의 희망을 보았다.

휴게소 기사 식당에서 국밥을 먹던 어느 날, 옆자리의 기사가 농담을 던졌다.
"국밥에 고기 한 점 찾다가 눈 빠지겠네."
모두가 폭소를 터뜨렸다. 국밥 안에 든 얇은 고기 몇 점을 두고 한바탕 웃음이 번졌다. 그러나 그 웃음은 허무한 농담이 아니라, 고단한 현실을 견디게 하는 민중의 지혜였다. 웃음은 국밥보다 진한 힘을 주었다.

시골 장터에서 화물을 내리던 날도 기억난다. 비가 억수같이 내리는데, 할머니 한 분이 좌판을 덮느라 분주했다. 나는 비닐을 씌우는 걸 도우며 "이러다 다 젖겠어요"라고 말하자, 할머니는 빙긋 웃으며 대답했다.
"에이, 젖으면 어떠냐. 햇볕 나면 다시 마르는 게 인생이지."

그 한마디는 철학이었고, 동시에 삶을 웃음으로 받아내는 힘이었다. 나는 그 말에서 시대를 견뎌온 민중의 굳건함을 보았다.

물론 웃음은 때로 풍자가 되었다. 단속에 걸린 기사가 벌금을 내고 나오며 말했다.
"법은 강자 편이지, 우리 편은 아니더라."
그러자 옆에 있던 동료가 맞장구쳤다.
"그래도 형님, 벌금 낼 수 있으니 다행 아닌가. 돈도 없는 놈은 걸려도 벌금 못 내고 잡혀갑니다."
순간 터진 웃음은 씁쓸했지만, 그 속에는 날카로운 사회 비판이 숨어 있었다. 웃음은 단순한 농담이 아니라, 권력을 향한 민중의 무기였다.

나는 길 위에서 여러 차례 눈물과 웃음이 교차하는 장면을 보았다. 사고로 동료를 잃고 장례식장에서 울부짖던 기사들, 그러나 그 눈물 뒤에도 누군가는 농담을 던져 분위기를 누그러뜨렸다. "저 친구, 저 세상 가서도 트럭 몰겠지?" 모두가 울다 웃었다. 그 웃음은 죽음조차도 삼켜내는 민중의 회복력이었다.

역사는 늘 민중의 웃음을 기록하지 않았다. 교과서에는 전쟁, 정치, 권력의 이름만 남았다. 그러나 실제로 시대를 버티게 한 힘은 바로 이 소박한 웃음이었다. 나는 그것을 기록하고 싶다. 웃음은 희망의 씨앗이었고, 절망을 견디는 비밀스러운 언어였다.

휴게소 벤치에서 한 동료가 말했다.
"형님, 우리 웃음이 사치 같아 보여도, 이게 없으면 다 무너집니다."
그 말은 진실이었다. 웃음은 가장 가난한 자의 마지막 부요함이었다.

나는 오늘도 길 위에서 다짐한다.
"민중의 희망은 거대한 구호가 아니라, 서로 나누는 소박한 웃음 속에 숨어 있다."

트럭의 바퀴는 무겁게 굴러가지만, 그 위에 실린 웃음은 세상을 가볍게 만들고 있었다.

길 위의 노래, 시대의 리듬

트럭의 엔진 소리는 늘 낮고 깊은 북소리 같았다. 새벽을 깨우며 울리는 그 소리는 나만의 음악이 아니라, 이 나라를 지탱하는 민중의 노래였다. 길 위에서 들려오는 소리 하나하나가 모여, 시대의 리듬을 만들어내고 있었다.

휴게소에 들어서면 기사들이 흥얼거리는 노랫소리를 종종 들을 수 있다. 어떤 이는 옛 가요를, 또 다른 이는 트로트를. 목소리는 거칠고 음정은 맞지 않지만, 그 속에는 삶의 무늬가 새겨져 있었다.
"잘 살아보세, 잘 살아보세…"
한 기사분이 농담처럼 부르자 모두가 폭소를 터뜨렸다. 그러나 그 웃음 속에는 여전히 나아지지 않는 현실에 대한 풍자가 숨어 있었다. 노래는 웃음이었고, 동시에 비판이었다.

나는 장거리 운행 중 라디오에서 흘러나오는 민중가요를 들은 적이 있다. "솔아 솔아 푸르른 솔아…" 그 노래는 단순한 가락이 아니라, 시대의 저항과 눈물이 담긴 목소리였다. 나는 핸들을 잡은 손에 힘이 들어갔다. 도로 위를 달리는 나의 바퀴가, 그 노래의 연장선 같았다.

그러나 길 위의 노래는 늘 투쟁만을 담은 것은 아니었다. 시장 앞에서 상인들이 흥얼거리던 동요, 공사장에서 노동자들이 부르던 노동요, 심지어 아이가 뒷좌석에서 부르는 만화 주제가까지. 그 모든 소리는 삶을 이어가는 리듬이었다. 나는 깨달았다. 음악은 거창한 무대 위에서만 흐르는 것이 아니었다. 도로 위, 장터, 공장, 집집마다 흘러나오는 작은 노래들이야말로 이 나라의 진짜 교향곡이었다.

한 번은 기사 동료와 함께 막걸리를 나누던 자리에서 이런 말이 나왔다.
"형님, 우린 노래가 없으면 못 살아요. 울어도 노래, 웃어도 노래지요."
그 말은 진실이었다. 고단한 하루를 버티는 힘은 결국 노래에서 나왔다. 그 노래가 눈물 젖어도, 그것은 희망의 씨앗이었다.

나는 도로 위에서 종종 생각한다. 역사는 구호로만 기록되지 않는다. 때로는 노랫말 속에, 가락 속에 더 진솔하게 담긴다. 광장에서 울려 퍼진 노래는 단순한 음이 아니라, 민중의 선언이었다. 그리고 그 노래는 오늘도 길 위의 기사들 입술에서 이어지고 있었다.

내가 다시 핸들을 잡으며 속으로 다짐한다.
"민중의 노래는 시대의 리듬이다. 권력은 잊어도, 길 위의 노랫소리는 결코 사라지지 않는다."

트럭의 바퀴는 또다시 도로를 굴러갔고, 그 위에는 수많은 노래가 함께 흘러넘치고 있었다.

도로 위의 침묵, 시대의 메아리

도로 위는 언제나 소리로 가득하다. 엔진의 굉음, 경적의 날카로움, 사람들의 목소리. 그러나 가끔은, 그 모든 소리가 멈출 때가 있다. 비나 눈이 쏟아져 운행을 멈추어야 하는 날, 혹은 몸이 아파 핸들을 잡을 수 없는 날. 그때 도로는 침묵으로 변하고, 그 침묵은 오히려 더 많은 이야기를 들려준다.

나는 그런 날이면 장심리 청람루로 향한다. 흙 냄새 가득한 마당에 들어서면, 강아지가 반갑게 꼬리를 흔든다. 닭장 앞에서는 닭들이 어김없이 모이를 달라며 울어댄다. 나는 트럭 대신 모이 바가지를 들고 닭을 돌보고, 강아지의 머리를 쓰다듬는다. 거친 도로에서 잊고 지냈던 미소가 저절로 피어난다. 바람에 흔들리는 대나무 소리와 지붕 위로 떨어지는 빗방울은, 도로 위에서 듣던 소음과는 전혀 다른 음악이었다.

청람루의 고요 속에서 나는 글을 쓴다. 펜 끝에서 흘러나오는 단어들은 도로 위의 고단한 사연이기도 하고, 오늘 마당에서 본 소박한 풍경이기도 하다. 강아지가 옆에서 졸고, 닭이 알을 낳는 소리가 들릴 때면, 삶은 고단함만으로 채워지지 않는다는 것을 깨닫는다. 인간에게는 여백이 필요했고, 그 여백은 희망의 씨앗을 키우는 흙이었다.

그러나 여유는 길게 이어지지 않는다. 다시 길 위에 오르면, 도로는 또다시 민중의 목소리로 가득하다. 휴게소 앞 기사들의 푸념, 시장을 오가는 농민들의 한숨, 학교로 향하는 학생들의 웃음소리. 침묵 속에서 얻은 사색은 다시 길 위의 메아리로 돌아와야 했다.

나는 깨달았다. 도로 위의 침묵은 단순한 멈춤이 아니었다. 그것은 역사의 메아리를 더 깊이 듣게 해주는 시간이었다. 권력의 확성기에서는 들리지 않던 민중의 목소리가, 침묵 속에서 더 또렷이 들렸다.

청람루의 고요와 도로의 소란이 교차하며 나를 지탱해왔다. 나는 다시 핸들을 잡으며 마음속으로 다짐한다.

"민중의 소리는 광장의 함성에서도 들리지만, 침묵 속 여백에서도 더 크게 메아리친다."

트럭의 바퀴는 다시 굴러가고, 그 위에는 소리와 침묵이 함께 실려 있었다.

비와 눈, 그리고 길 위의 시

비가 내리면 도로는 갑자기 다른 얼굴을 드러낸다. 와이퍼가 쉼 없이 유리를 훑지만, 시야는 여전히 흐릿하다. 빗줄기 사이로 스치는 헤드라이트 불빛은 눈물처럼 번지고, 도로 위를 달리는 수많은 차량은 거대한 강물처럼 일렁인다. 나는 핸들을 잡으며 생각한다. 이 비는 단순한 날씨가 아니라, 민중의 삶을 비추는 거울이구나.

비 내린 휴게소에는 기사들이 몰려든다. 젖은 어깨를 털어내며, 국밥 한 그릇을 들이키는 얼굴엔 피곤과 위로가 동시에 묻어 있다. 어떤 이는 농담처럼 말한다.
"이 비 덕분에 세차는 공짜로 하네."
모두 웃었지만, 그 웃음 속에는 묵직한 체념이 있었다. 비는 고단한 현실을 씻어내지 못했지만, 잠시나마 피로를 덮어주는 얇은 이불 같았다.

겨울이 되면 도로는 또 다른 얼굴을 한다. 함박눈이 내리면 세상은 순식간에 고요해진다. 트럭의 바퀴 자국 위로 눈이 덮이면, 마치 모든 고단함이 잠시 감춰지는 듯했다. 그러나 눈길 운행은 위험했다. 기사들은 농담처럼 말한다.
"눈은 예쁘게 내려도, 기름값만큼 무섭다니까."
웃음이 터졌지만, 그 뒤에는 두려움이 숨겨져 있었다. 눈은 아름다움과 위험을 동시에 실어 나르는, 이중적인 얼굴을 가진 손님이었다.

나는 가끔 몸이 아프거나, 폭설로 길이 막히면 운행을 멈추고 장심리 청람루로 돌아간다. 지붕 위에 떨어지는 빗방울 소리, 마당에 소복이 쌓인 눈을 헤집으며 뛰노는 강아지, 닭장이 하얀 눈으로 덮인 풍경. 그 고요 속에서 나는 펜을 들어 글을 쓴다. 빗소리는 시의 리듬이 되고, 눈송이는 여백의 문장이 된다. 도로의 소란스러움 속에서 잊었던 내 마음이, 청람루의 고요 속에서 다시 살아난다. 독자는 이 여백을 통해, 함께 숨을 고르며 쉼을 느낄 수 있을 것이다.

그러나 다시 길 위에 오르면, 현실은 또다시 나를 맞이한다. 빗속에서 고생하는 택배 기사, 눈길에 미끄러져 넘어지는 노인, 슈퍼 앞에 쌓인 눈더미를 치우는 상인. 자연은 아름답지만, 그 아름다움은 언제나 서민에게 가장 먼저 무게로 다가왔다. 나는 그 얼굴들을 잊을 수 없다.
 비와 눈은 늘 시가 되었다. 비는 슬픔의 음표였고, 눈은 희망의 여백이었다. 그리고 그 시는 도로 위에서 끊임없이 쓰이고 있었다.

나는 오늘도 다짐한다.
"비와 눈은 자연의 언어이고, 길 위의 삶은 그 언어를 시로 바꾸는 사람들의 손길이다."

트럭의 바퀴는 다시 굴러가고, 그 위에는 비와 눈이 흩뿌린 시구들이 차곡차곡 쌓여 있었다.

제4 부

휴게소의 밤, 민중의 등불
길 위의 동지들
사라지는 고향, 남는 사람들
고단한 새벽, 민중의 노래
골목길에서 만난 폐휴지 수레
도로 위의 분노, 보복운전의 그림자
밤길의 그림자, 야생동물의 죽음
교통사고의 충격, 인간의 연대
도로 위의 미소, 인간의 양보
새벽의 골목, 인간의 그림자

제4 부

휴게소의 밤, 민중의 등불

밤이 찾아오면 도로는 또 다른 얼굴을 드러낸다. 낮의 분주함이 사라지고, 불빛만이 길을 이어준다. 트럭의 헤드라이트가 까만 도로를 가르며 앞으로 나아갈 때, 나는 늘 느낀다. 우리가 달리는 이 길은 단순한 아스팔트가 아니라, 민중의 피곤한 어깨가 누운 자리다.

휴게소의 밤은 묘하게 따뜻하다. 하루 종일 달려온 기사들이 모여 국밥을 먹고, 커피를 마시며 담배 한 대를 나눈다. 눈빛은 피곤하지만, 그 속에는 연대의 빛이 있었다. 누구는 과적 단속에 걸렸다며 쓸쓸한 농담을 던지고, 누구는 집에 두고 온 아이 사진을 보여주며 자랑을 늘어놓는다. 소소한 대화 속에 서로의 삶이 겹쳐지고, 그것이 곧 민중의 등불이 된다.

나는 휴게소에서 바라본 밤하늘을 잊을 수 없다. 별빛은 흐릿했지만, 기사들의 눈빛은 그보다 더 반짝였다. 그것은 희망이자 체념, 웃음이자 눈물이 섞인 복잡한 빛이었다. 그러나 그 빛 덕분에 도로 위의 어둠은 결코 완전한 어둠이 되지 못했다.

몸이 아픈 날이나 폭설이 쏟아져 운행을 멈추어야 할 때, 나는 장심리 청람루로 돌아온다. 그곳에서의 밤은 휴게소의 소란과 달랐다. 강아지는 발치에 누워 잠들고, 닭장은 고요했다. 창문 너머로 들려오는 매미 소리, 겨울밤의 삭풍, 장작 타는 냄새는 또 다른 위로였다. 나는 그 고요 속에서 글을 썼다. 도로 위의 소란스러움이 잉크가 되고, 청람루의 침묵이 여백이 되었다. 그렇게 쓰인 글은 나 자신을 치유했고, 언젠가 독자에게도 위로가 될 것을 알았다.

다시 길 위에 오르면, 휴게소의 불빛이 멀리서 반짝인다. 그것은 단순한 전등 불빛이 아니었다. 민중이 서로를 지탱하며 켜는 등불이었다. 낮은 자리에서 흘린 땀방울, 소시민의 웃음, 기사의 푸념과 농담까지. 그 모든 것이 모여 어둠을 밝히는 빛이 되었다.

나는 오늘도 길 위에서 묻는다. 이 나라를 밝히는 진짜 등불은 어디서 오는가. 화려한 회의실의 샹들리에가 아니라, 휴게소 한구석에서 소박하게 나누는 국밥과 웃음에서 비롯된다는 답을 나는 이미 알고 있다.

그리고 이렇게 다짐한다.
"민중의 등불은 휴게소의 작은 불빛처럼 소박하지만, 그 빛이 모여 시대의 어둠을 밝힌다."

트럭의 바퀴는 다시 굴러가고, 그 위에는 또 다른 밤, 또 다른 등불이 함께 실려 있었다.

길 위의 동지들

 트럭 운전사의 삶은 늘 고독하다. 끝없는 도로, 무거운 화물, 지친 어깨. 그러나 그 길 위에도 따뜻한 온기가 있다. 같은 길을 달리는 기사들이 있었다. 그들은 혈연도, 학연도, 지연도 없었지만, 도로라는 운명 속에서 묶인 동지들이었다.

휴게소에서의 짧은 만남은 언제나 반가웠다. 국밥집 문을 열고 들어가면, 익숙한 얼굴이 손을 흔든다.
"형님, 오늘도 무사히 달리셨구먼."
짧은 인사 한마디가 어깨의 피로를 풀어주었다. 누구는 운임료 문제를, 누구는 가정의 근심을 털어놓았다. 서로의 사정을 다 알지는 못했지만, 그 속에 흐르는 정은 진짜였다. 도로 위에서 그들은 단순한 동업자가 아니라, 고단한 시대를 함께 짊어진 동지였다.

한번은 폭우가 쏟아져 길이 막혔을 때였다. 나는 갓길에 차를 세우고 발만 동동 굴렀다. 그런데 옆에 서 있던 기사가 다가와 말했다.

"형님, 커피 한 잔 드세요. 몸이 추우면 마음도 얼어붙습니다."
그 따뜻한 캔커피 하나에 나는 눈물이 핑 돌았다. 도로 위의 연대는 크지 않았다. 그러나 작은 나눔이 거대한 희망이 되었다.

몸이 아프거나 도로가 막히면 나는 장심리 청람루로 돌아간다. 그곳에서는 또 다른 동지들이 기다리고 있었다. 강아지는 내가 돌아온 걸 알았다는 듯 꼬리를 흔들었고, 닭들은 모이를 쪼아대며 하루를 살아갔다. 나는 그 고요 속에서 다시 펜을 들어 글을 썼다. 도로 위 동지들의 얼굴이 글 속에서 살아 움직였다. 글은 그들을 기리는 기록이었고, 나 자신을 치유하는 노래였다.

청람루의 마당에서 나는 종종 생각한다. 동지란 꼭 같은 일을 하는 사람만을 말하는 게 아니라고. 나의 강아지, 닭, 나무들도 동지였다. 그들의 숨결은 나를 지켜주는 평온이었고, 도로 위의 소란을 견디게 하는 힘이었다. 도로의 동지와 청람루의 동지가 교차하며 내 삶을 지탱했다.

다시 길 위로 돌아오면, 동지들의 존재는 더욱 또렷이 다가왔다. 무전기로 주고받는 목소리 —
"앞에 단속 있다, 조심해라."
"기름값이 장난 아니다. 그래도 버텨야지."
이 단순한 대화 속에는 도로 위 형제애가 담겨 있었다. 그들의 목소리는 혼자가 아니라는 증거였고, 그 증거 덕분에 무거운 짐도 덜 무겁게 느껴졌다.

나는 깨달았다. 도로 위의 동지란 단순한 운전사가 아니라, 민중의 얼굴이자 시대의 기록이었다. 그들의 농담과 한숨, 웃음과 눈물은 모두 역사에 남아야 할 문장이었다.

그리고 오늘도 길 위에서 다짐한다.
"동지는 피로 맺는 게 아니라, 땀과 눈물로 이어지는 것이다. 그 길 위에 동지가 있는 한, 절망은 결코 마지막이 아니다."

트럭의 바퀴는 다시 굴러갔고, 도로 위에는 여전히 동지들의 빛나는 흔적이 이어지고 있었다.

사라지는 고향, 남는 사람들

트럭을 몰고 고향 근처를 지나칠 때면, 마음 한켠이 저려왔다. 어린 시절 뛰놀던 논밭은 이미 아파트 단지로 변했고, 장터가 서던 마을 어귀는 편의점과 대형 마트가 대신하고 있었다. 도로 확장 공사로 익숙했던 느티나무는 뿌리째 뽑혀 나가고, 강가의 모래밭은 자취를 감췄다. 고향은 여전히 지명 속에 남아 있었지만, 그 얼굴은 점점 사라지고 있었다.

그러나 고향은 완전히 사라지지 않았다. 그곳에는 여전히 남아 있는 사람들이 있었다. 마을을 떠나지 못한 노인들, 고향을 지키는 농부들, 그리고 아직도 장터를 꾸려가는 상인들. 나는 짐을 내리러 들른 작은 마을에서 한 노인의 말을 들었다.
"사람들이 다 떠나도 난 여기서 죽을 거야. 땅이랑 같이 살아야지."
그의 굳은 손등은 깊은 주름으로 갈라져 있었지만, 눈빛은 또렷했다. 그곳을 떠나지 않고 지켜온 세월이 만들어낸 고집이자 자존심이었다.
 장심리 청람루로 돌아오면, 그 고향의 잔영이 더욱 선명해졌다. 마당에 내리는 빗방울, 닭의 울음, 강아지의 숨결 속에서 나는 고향의 시간을 떠올렸다. 도시 개발로 사라지는 풍경과 달리, 청람루의 시간은 천천히 흐르고 있었다. 나는 글을 쓰며 생각했다. 사라지는 것과 남는 것, 그 사이의 균형을 어떻게 기록할 것인가. 그 여백의 사색은 길 위에서 느낀 아픔을 잠시 치유해주었다.

다시 길 위에 나서면, 고향을 떠나온 사람들과 마주쳤다. 서울에서 택시를 모는 친구, 공장에 취직해 밤샘 노동을 하는 후배, 해외로 나가 일하며 매달 돈을 부치는 동생들. 그들의 삶은 고향을 떠났지만, 그리움만큼은 남아 있었다. 고향은 떠나는 자와 남는 자 모두의 가슴속에 다른 모양으로 자리 잡았다.

휴게소에서 만난 한 기사가 술잔을 기울이며 말했다.
"형님, 고향이 사라져도 사람들 마음속에는 늘 남는 게 있더라고요. 그게 그리움이지요."
그 말은 단순했지만, 나는 오랫동안 그 울림을 지니고 있었다.

나는 깨달았다. 고향은 땅과 건물만으로 존재하는 것이 아니었다. 고향은 기억이고, 사람이고, 마음속의 자리였다. 땅이 사라져도, 그곳을 기억하는 사람들이 있는 한 고향은 결코 완전히 사라지지 않았다.

그리고 오늘도 다짐한다.
"고향은 사라질 수 있지만, 고향을 지키는 사람들의 마음은 결코 사라지지 않는다."

트럭의 바퀴는 다시 굴러갔고, 그 위에는 사라지는 풍경과 남는 사람들의 이야기가 함께 흔들리고 있었다.

고단한 새벽, 민중의 노래

지방으로 화물을 싣고 달리던 새벽, 휴게소에서 무전을 받았다. 오래 알고 지내던 동료이자 친구가 갑작스레 세상을 떠났다는 소식이었다. 한순간, 핸들을 잡은 손이 굳어버렸다. 헤드라이트에 비친 도로는 여전히 똑같았지만, 내 마음은 깊은 어둠 속으로 꺼져 내렸다.

트럭을 돌려 장례식장으로 향하는 길은 낯설게 길고 무거웠다. 고속도로 위의 차들은 여전히 바삐 달렸지만, 내 눈에는 모두 느리게만 보였다. 동료의 목소리가 귓가에 맴돌았다. "형님, 힘들어도 우리 같이 버텨봅시다." 불과 며칠 전 휴게소에서 나눈 대화였다. 그 웃음은 아직 따뜻했는데, 이제는 영영 들을 수 없게 되었다.

장례식장은 한겨울 새벽의 냉기에 싸여 있었다. 검은 옷을 입은 동료 기사들이 하나둘 모였다. 모두 말없이 손을 잡았고, 눈빛만으로도 서로의 슬픔을 나누었다. 하얀 국화가 차갑게 놓여 있었고, 영정 속 친구는 여전히 환하게 웃고 있었다. 그 웃음이 오히려 더 가슴을 저렸다.

나는 잠시 청람루를 떠올렸다. 몸이 아파 운행을 멈추던 날, 강아지의 따뜻한 숨결과 닭의 투박한 울음소리가 위로가 되었던 시간. 만약 오늘 같은 날에도 청람루에 머물 수 있었다면, 나는 눈물 대신 펜을 들고 글을 쓰며 마음을 가라앉혔을 것이다. 그러나 지금은 글보다 더 큰 침묵이 필요했다. 친구의 죽음은 그만큼 무거웠다.

동료 기사 하나가 술잔을 기울이며 중얼거렸다.
"우린 늘 도로 위에서 살고, 도로 위에서 죽지요. 이게 운명인가 봅니다."
그 말은 농담처럼 들렸지만, 곧 모두의 눈가가 젖었다. 도로는 우리 삶의 무대였고, 동시에 죽음이 찾아오는 자리이기도 했다.

나는 트럭으로 돌아와 다시 길 위에 올랐다. 새벽 하늘에는 희미한 별빛이 걸려 있었고, 바람은 차갑게 불었다. 그러나 그 바람 속에서 나는 친구의 목소리를 들었다. "형님, 아직도 길은 계속되어야 하지 않습니까."

나는 다짐했다.
"우리는 길 위에서 만나고, 길 위에서 이별하지만, 길 위의 노래는 결코 멈추지 않는다."

트럭의 바퀴는 다시 굴러갔고, 새벽 도로 위에는 여전히 민중의 노래가 울리고 있었다.

골목길에서 만난 폐휴지 수레

새벽 배송을 마치고 좁은 골목길로 접어들었을 때였다. 트럭의 전조등 불빛에 낡은 수레가 어렴풋이 비쳤다. 그 수레를 끄는 이는 허리가 굽은 할머니였다. 한쪽 팔로는 수레를 붙잡고, 다른 손으로는 무릎을 짚으며 힘겹게 걸어가고 있었다. 수레에는 폐휴지가 켜켜이 쌓여 있었고, 바람에 젖은 종이들은 금방이라도 흩날릴 듯 위태로웠다.

나는 트럭을 세우고 잠시 지켜보았다. 차가 좁은 골목을 빠져나가려면 수레가 옆으로 비켜줘야 했다. 그러나 할머니는 힘겹게 몸을 돌리며 나를 향해 미안한 미소를 지었다. 그 순간, 내 가슴이 저렸다. 이 나라의 가장 낮은 자리에 선 이의 얼굴이 바로 저 얼굴이구나.

나는 차에서 내려 수레를 잡아드렸다.
"어머니, 제가 도와드릴게요."
할머니는 손사래를 치며 말했다. "아이고, 괜찮아. 이래야 밥벌이라도 하지."

그 말에 나는 차마 대꾸할 수 없었다. 누구에게는 폐휴지가, 또 누구에게는 인생의 전부가 되기도 했다.

청람루로 돌아온 날, 나는 마당에 앉아 그 새벽의 장면을 떠올렸다. 강아지는 내 발치에 누워 있었고, 닭들은 모이를 쪼아대며 햇살을 맞고 있었다. 평화로운 풍경이었지만, 마음은 쉽게 놓이지 않았다. 왜 우리는 가장 약한 이의 수레를 함께 끌어주지 못하는가. 빗소리와 새소리가 어우러진 청람루의 고요 속에서, 나는 글로 할머니의 수레를 기록했다. 그것이 내가 할 수 있는 작은 연대였다.

다시 길 위에 오르면, 나는 곳곳에서 또 다른 '폐휴지 수레'를 본다. 지하철역 앞에서 플라스틱을 모으는 노인, 시장 골목에서 캔을 줍는 청년, 주차장 한쪽에서 비닐을 주워 모으는 아이까지. 그들은 모두 다른 얼굴을 하고 있었지만, 결국 같은 수레를 끌고 있었다.

휴게소에서 만난 동료 기사는 이렇게 말했다.
"형님, 우리 트럭은 짐을 싣지만, 저분들은 삶 자체를 싣고 다니는 거 아닙니까."
그 말은 무겁게 가슴에 박혔다. 트럭에 실린 화물은 언젠가 목적지에 내려놓을 수 있지만, 폐휴지 수레는 결코 내려놓을 수 없는 인생의 무게였기 때문이다.

나는 깨달았다. 골목길의 수레는 단순한 폐지가 아니었다. 그것은 시대가 외면한 민중의 초상이었고, 우리가 반드시 기억해야 할 역사의 한 장면이었다.

그리고 오늘도 다짐한다.

"역사의 진짜 무게는 거대한 트럭이 아니라, 골목길의 작은 수레 위에 놓여 있다."

트럭의 바퀴는 다시 굴러갔고, 내 마음속에는 여전히 그 골목길의 수레가 무겁게 실려 있었다.

도로 위의 분노, 보복운전의 그림자

도로 위는 언제나 긴장으로 가득하다. 수백 대의 차가 좁은 길 위에서 서로의 속도를 맞추며 달리지만, 단 한 번의 충돌로 모든 것이 무너진다. 특히 보복운전은 그 긴장을 극단으로 끌어올린다. 나는 몇 차례 그 광경을 목격했다. 단순한 끼어들기 하나가 욕설과 경적을 불러내고, 순간의 분노가 브레이크를 밟게 하고, 위험한 추월로 이어졌다. 차창 너머로 삿대질을 주고받는 모습은 마치 전쟁 같았다.

한 번은 새벽 고속도로에서 앞차가 갑자기 급브레이크를 밟았다. 나는 가까스로 핸들을 틀어 충돌을 피했다. 그 순간 심장이 요동쳤고, 등줄기에서 땀이 흘렀다. 그 뒤 차에서 내린 운전자는 흥분한 얼굴로 소리쳤다. "왜 뒤에서 바짝 붙어 달려!" 그러나 사실은 그가 나를 일부러 시험하듯 막아선 것이었다. 잠시의 분노가 한 생명을 위협할 뻔한 순간이었다.

보복운전의 근원은 무엇일까. 나는 늘 생각한다. 그것은 단지 운전 기술의 문제가 아니라, 사회 전반에 흐르는 분노의 단면이다. 서민들의 불안한 삶,

고단한 현실, 억눌린 감정이 도로 위에서 터져 나온다. 권력 앞에서는 눌려 살던 분노가, 강자 앞에서는 삼켰던 울분이, 이름 모를 운전자에게 투사되는 것이다. 결국 보복운전은 사회가 만들어낸 분노의 그림자였다.

몸이 지쳐 운행을 멈추고 장심리 청람루로 돌아오면, 도로 위의 광경이 거짓말처럼 멀어졌다. 강아지는 꼬리를 흔들며 내 곁에 앉았고, 닭들은 모이를 쪼아대며 하루를 시작했다. 나는 마루에 앉아 따뜻한 차를 마시며 글을 썼다. 바람에 흔들리는 대나무 소리, 산새의 지저귐은 도로 위에서 본 삿대질과 욕설을 씻어내듯 고요했다. 인간에게는 분노만이 아니라, 반드시 여백이 필요했다. 그 여백이 있어야 다시 길 위로 돌아갈 힘이 생겼다.

다시 운행을 시작하면, 도로는 또다시 긴장의 무대였다. 그러나 나는 청람루에서 얻은 평온을 떠올리며 마음을 다잡았다. 도로 위에서 분노를 쏟아내는 대신, 양보의 깜빡이를 켜고, 무례한 운전에도 침묵으로 응답하려 애썼다. 그것이 내가 할 수 있는 작은 저항이자 연대였다.

휴게소에서 만난 한 기사가 말했다.
"형님, 도로에서 참는 게 제일 힘듭니다. 근데 우리가 안 참으면, 세상은 더 거칠어질 겁니다."
그 말은 오래 울림을 남겼다. 분노를 참는 것은 약함이 아니라, 도로 위를 지키는 또 하나의 용기였다.

나는 오늘도 다짐한다.
"분노는 순간이지만, 생명은 영원하다. 도로 위에서 참는 자가 결국 시대를 지킨다."
 트럭의 바퀴는 다시 굴러갔고, 도로 위에는 여전히 분노의 그림자와 더불어 작은 양보의 빛이 함께 흐르고 있었다.

밤길의 그림자, 야생동물의 죽음

깊은 밤, 도로 위를 달리던 중이었다. 전조등 불빛 너머로 작은 그림자가 스쳐 지나갔다. 순간 브레이크를 밟았지만 이미 늦었다. 둔탁한 소리와 함께 작은 동물이 바퀴 아래 깔리고 말았다. 핸들을 붙잡은 두 손이 떨렸다. 거대한 트럭의 무게는 한 생명을 돌려주지 못했다.

차를 세우고 내려 살펴보니, 길가에는 고라니 한 마리가 힘없이 누워 있었다. 숨은 이미 끊어져 있었고, 차가운 밤공기 속에서 그 작은 몸은 더 빨리 식어갔다. 나는 한참 동안 그 앞에서 서 있었다. 도로 위에서 매일 수많은 짐을 싣고 나르며 살아가지만, 그날 밤의 무게는 그 어떤 짐보다도 무거웠다.

나는 생각했다. 이 도로는 사람만의 길이 아니었다. 본래는 숲과 들이 이어지던 길이었다. 인간의 편리를 위해 뚫린 길은 야생의 삶을 가로막았고, 밤마다 수많은 작은 생명들이 이름도 없이 죽어갔다. 문명이란 이름으로 세워진 아스팔트는 사실 누군가의 삶을 빼앗아 얻은 편리였다.

몸이 지쳐 운행을 멈추던 날, 나는 장심리 청람루로 돌아왔다. 마당에 내려 앉은 달빛은 고요했고, 강아지는 내 발치에서 졸고 있었다. 닭장은 따뜻한 새벽을 기다리며 숨죽인 듯 고요했다. 나는 닭에게 모이를 주고, 강아지의 머리를 쓰다듬으며 문득 생각했다. 내 곁의 작은 생명을 지키는 일조차 제대로 하지 못하면서, 길 위에서 수많은 죽음을 지나치고 있구나. 청람루의 고요는 내게 묻는 듯했다. 생명의 가치는 어디서 시작되고, 어디에서 끝나는가.

다시 길 위에 오르면, 도로 곳곳에서 죽은 동물들의 흔적을 본다. 고라니, 너구리, 심지어 길 잃은 반려견까지. 그들은 인간의 시야에 오래 남지 않는다. 곧 치워지고, 흔적은 사라진다. 그러나 나의 기억에는 또렷하게 남는다. 바퀴 아래 스러져간 작은 생명 하나하나가 나를 붙잡는다.

휴게소에서 동료 기사와 이 이야기를 나눈 적이 있다.
"형님, 우리도 어쩔 수 없는 거 아닙니까. 도로는 원래 위험한 곳이잖아요."
그 말에 고개를 끄덕였지만, 마음 한편은 무겁게 가라앉았다. 어쩔 수 없다는 말로 덮어두기엔, 죽음을 목격한 순간의 떨림이 너무나 선명했기 때문이다.

나는 깨달았다. 문명의 길 위에서 죽어간 생명들을 기억하는 것, 그것이 내가 할 수 있는 최소한의 책임이라는 것을. 우리가 달리는 이 길이 결코 우리의 것만이 아니며, 더불어 살아야 할 존재들의 길이라는 것을 잊지 않는 것. 그것이 민중의 삶을 지탱하는 철학과도 이어져 있었다.

오늘도 나는 길 위에서 다짐한다.

"문명이 빼앗아간 생명의 무게를 기억하는 자만이, 진정으로 인간다운 길을 걸을 수 있다."

트럭의 바퀴는 다시 굴러갔고, 밤길의 그림자 속에서 또 다른 작은 생명이 조심스레 숨을 고르고 있었다.

교통사고의 충격, 인간의 연대

도로 위에서 가장 두려운 순간은 사고가 일어나는 그 찰나다. 아무리 조심해도, 아무리 속도를 낮춰도, 단 한순간의 방심이 모든 것을 바꾼다. 나는 여러 차례 그 현장을 목격했고, 때로는 그 한가운데에 서 있었다.

어느 겨울밤이었다. 앞차가 눈길에서 미끄러지며 중앙선을 넘어왔다. 나는 브레이크를 힘껏 밟았지만, 거대한 트럭은 쉽게 멈추지 않았다. 충돌음과 함께 차체가 흔들렸고, 순간 차창 너머로 불꽃이 튀었다. 그 순간의 소리는 아직도 귀에서 떠나지 않는다. 금속이 찢어지는 소리, 누군가의 비명, 그리고 이어진 정적. 시간은 잠시 멈춘 듯했고, 도로는 죽음과 삶의 경계로 변해 있었다.

나는 급히 차를 세우고 달려갔다. 뒤집힌 승용차 안에는 젊은 부부와 아이가 타고 있었다. 다행히 의식은 있었지만, 피투성이가 된 얼굴은 공포와 절망으로 얼어붙어 있었다. 여러 기사들이 차에서 뛰어내려 달려왔다. 누군가는 119에 전화를 걸고, 누군가는 손으로 차창을 두드리며 구조를 시도했다. 그 순간 우리는 직업도, 신분도, 나이도 없었다. 단지 생명을 살리기 위해 모인 인간들이었다.

한참 만에 구급차가 도착하고, 가족이 실려 나가자 모두가 안도의 숨을 내쉬었다. 차가운 공기 속에서 기사들은 서로의 어깨를 두드리며 말했다.
"형님, 다행히 목숨은 살았네요."
그 한마디가 눈물처럼 따뜻했다.

며칠 뒤, 나는 장심리 청람루로 돌아왔다. 사고의 충격이 여전히 몸과 마음을 짓누르고 있었지만, 마당에서 뛰노는 강아지와 모이를 쪼는 닭들을 보며 조금은 숨을 고를 수 있었다. 나는 마루에 앉아 글을 쓰며 생각했다. 인간이란 얼마나 나약한 존재인가. 그러나 동시에 얼마나 서로를 지켜내려 하는 존재인가. 사고의 참혹함은 분명했지만, 그 속에서 빛난 것은 연대였다.

다시 길 위에 나서면, 사고 현장은 늘 도사리고 있었다. 파손된 가드레일, 도로 위에 남은 브레이크 자국, 그리고 꽃 한 송이가 꽂힌 가로등. 그것들은 모두 누군가의 마지막 순간을 기억하는 흔적이었다. 나는 핸들을 잡으며 늘 다짐했다. 사고를 피할 수 없다면, 최소한 그 순간에도 인간으로 남아야 한다.

휴게소에서 만난 한 동료 기사가 내게 말했다.
"형님, 도로는 차갑지만, 사람들은 아직 따뜻합니다. 그걸 믿고 버텨야죠."
그 말은 진실이었다. 사고는 인간의 나약함을 드러내지만, 동시에 서로를 살리려는 힘도 드러냈다.

나는 오늘도 다짐한다.

"도로 위의 충격은 인간을 쓰러뜨리지만, 연대는 다시 일으켜 세운다."

트럭의 바퀴는 또다시 굴러갔고, 그 위에는 사고의 흔적과 함께 인간의 연대가 희미한 불빛처럼 따라오고 있었다.

도로 위의 미소, 인간의 양보

 도로 위는 늘 경쟁의 장처럼 보인다. 차선 하나를 두고 다투고, 몇 초 먼저 가겠다고 경적을 울린다. 그러나 그 속에서도 가끔은 뜻밖의 미소와 양보를 만난다. 그것은 도로 위에서 만나는 가장 값진 선물이었다.

한번은 고속도로 합류 지점에서 길이 막혀 있었다. 모두가 끼어들기를 막느라 바짝 붙어 달리고 있었지만, 한 운전자가 창문을 열고 손짓으로 "들어오라"는 신호를 보냈다. 나는 고개를 숙이며 감사 인사를 했다. 잠깐의 양보였지만, 그 순간 마음이 따뜻해졌다. 도로 위에서는 미소 하나가 곧 희망이었다.

휴게소에서도 그런 장면은 자주 있었다. 긴 줄에 서 있던 기사들이 국밥을 사러 들어가면서도 서로 자리를 양보했다.
"형님, 오늘 먼 길 가신다면서요. 먼저 드세요."
이런 작은 배려가 고단한 하루를 견디게 했다. 경쟁과 분노가 지배하는 도로에서 양보는 곧 인간다움의 증거였다.

장심리 청람루로 돌아오면, 그 따뜻한 순간들이 더 깊이 새겨졌다. 마당에서 강아지가 닭장 앞을 지키고 서 있는 모습을 보며 나는 생각했다. 서로 조금씩 자리를 내어주고 양보하는 게 자연의 법칙 아닐까. 닭은 모이를 강아지와 나누어 먹지 않지만, 강아지는 닭을 해치지 않았다. 서로의 자리를 존중하는 질서가 있었기에 청람루의 고요는 유지될 수 있었다. 도로 위의 양보도 마찬가지였다. 문명이라는 차갑고 빠른 공간 속에서, 작은 양보가 사람 사이의 질서를 지키는 힘이었다.

나는 다시 길 위로 돌아갔다. 어떤 날은 누군가의 무례한 끼어들기에 답답했지만, 청람루에서 얻은 사색을 떠올리며 마음을 다잡았다. 내가 양보하면 도로는 조금 더 부드러워진다. 작은 결심이었지만, 그 결심이 도로를 살아가는 또 하나의 방식이 되었다.

휴게소에서 만난 한 기사가 이렇게 말했다.
"형님, 도로에서 한 번 양보하면 기분이 달라져요. 신기하게도 그게 집에 가서도 남아요."
그 말은 단순했지만 진실이었다. 양보는 도로를 넘어 삶의 태도로 이어졌다.

나는 오늘도 다짐한다.
"도로 위의 미소는 사소해 보이지만, 그 미소가 모여 사회의 공기를 바꾼다. 양보는 약함이 아니라, 인간다운 힘이다."

트럭의 바퀴는 다시 굴러갔고, 그 위에는 미소와 양보가 작은 등불처럼 어둠을 밝히고 있었다.

새벽의 골목, 인간의 그림자

　새벽 두 시, 도시는 잠든 듯 고요했지만 골목은 그렇지 않았다. 트럭이 좁은 길을 천천히 빠져나가려 할 때, 불 꺼진 집들 사이사이로 작은 그림자들이 스쳐 지나갔다. 폐지를 가득 실은 수레를 끄는 노인, 빈 병을 모으는 중년 남자, 그리고 무거운 배낭을 멘 채 출근길에 나선 청년. 그들의 발걸음은 무겁고 느렸지만, 하나같이 묵묵했다.

한 할머니가 수레를 끌다 힘에 부쳤는지 잠시 벽에 기대어 숨을 고르고 있었다. 나는 차를 세우고 다가가 수레를 옮기는 걸 도왔다. 할머니는 헛웃음을 지으며 말했다.
"아이고, 내가 이 나이에 뭘 하겠어. 그냥 몸이 버티는 동안은 해야지."
그 말 속에는 체념과 자존심이 뒤섞여 있었다. 골목의 새벽은 그처럼 보이지 않는 그림자들로 가득했다.

트럭이 골목을 빠져나오자, 길모퉁이에서 또 다른 그림자가 눈에 들어왔다. 편의점 앞 의자에 앉은 청년이었다. 피곤한 얼굴로 컵라면을 후루룩 먹으며 무언가를 곰곰 생각하는 듯했다. 새벽의 고요는 그를 감싸고 있었지만, 그의 눈빛은 잠들지 못한 시대를 보여주고 있었다. 이 나라의 가장 낮은 곳은 언제나 새벽 골목에 있다.

청람루로 돌아오면, 그 그림자들이 한꺼번에 떠올랐다. 마당의 닭들이 여명을 알리듯 울어대고, 강아지는 나를 따라다니며 꼬리를 흔들었다. 그 평화로운 풍경 속에서 나는 새벽 골목의 무거운 공기를 글로 옮겼다. 도시의 화려함은 늘 그림자를 만들고, 그 그림자는 새벽의 골목에서 가장 짙어진다. 청람루의 고요는 내가 그 그림자들을 잊지 않게 해주는 힘이었다.

다시 길 위로 나서면, 골목의 풍경은 도로와 연결되어 있었다. 대로를 달리는 수많은 차량은 결국 그 골목에서 흘러나온 삶의 흔적을 싣고 있었다. 노인의 폐지 수레, 청년의 출근길, 중년의 빈 병은 모두 트럭의 화물 못지않게 무겁고 절실한 짐이었다.

휴게소에서 만난 동료 기사가 내게 말했다.
"형님, 골목은 나라의 거울이에요. 거기서 보이는 그림자가, 결국 우리 시대의 진짜 모습이지요."
그 말에 고개가 끄덕여졌다. 대로의 화려한 불빛보다 골목의 그림자가 더 진실했다.

나는 오늘도 다짐한다.
"새벽의 골목에 서린 그림자를 잊는 순간, 역사는 진실을 잃는다."

트럭의 바퀴는 다시 굴러갔고, 그 위에는 새벽 골목의 그림자와 그 안에 숨은 민중의 삶이 고스란히 실려 있었다.

제5 부

파손된 짐, 무너진 하루
도로의 함정, 빠진 바퀴
차박의 밤, 어머니의 얼굴
빈대떡과 탁주, 친구의 웃음
사고 이후, 법정의 길
휴게소의 낯선 인연
라디오 사연, 길 위의 목소리
특권 차량 행렬과 서민의 도로
밤샘 운행과 새벽의 병원 불빛
장례식장의 새벽, 친구의 빈자리

제5 부

파손된 짐, 무너진 하루

새벽 다섯 시, 창고 앞 하역장에 트럭을 붙였다. 비가 올 듯 공기가 눅눅했고, 바닥의 물기는 낡은 팔레트 틈으로 스며들어 보기에도 불안했다. 오늘은 과일 혼적이었다. 아침 장에 맞춰야 한다며 선적장 직원이 등 떠미는 바람에, 휴게도 제대로 못 하고 달려왔다.

하역장 관리자는 노란 조끼를 걸치고 서류철을 끼고 나왔다. 이름표에는 '입고 담당 / 박○○'. 그는 손목시계를 한 번 보고, 핸드헬드 스캐너로 박스의 바코드를 찍어댔다. "사과 60, 배 40, 감귤 30… 기사님, 파손 주의 표기 다 되어 있죠?"
"네, 어젯밤 포장 다시 확인했습니다."
말은 그렇게 했지만, 비에 젖은 바닥과 서둘러 움직이는 지게차를 보는 순간, 마음 한 구석이 스르르 내려앉았다. 아스팔트 위의 작고 오래된 균열처럼, 불안은 늘 육안보다 먼저 감각으로 찾아왔다.

문제는 세 번째 팔레트가 내려갈 때 터졌다. 지게차 포크가 살짝 삐뚤게

들어가며 박스 옆구리를 긁었고, 종이 테이프가 쩍— 하고 벌어졌다. 쏟아진 감귤이 바닥에서 구슬처럼 굴렀다. 관리자의 이마가 굳어졌다.
"아이고야… 이거 파손분 처리해야겠습니다."
"방금 지게차가…."
"규정상 책임은 운송 측입니다. 하차 중 파손은 '공동 책임'인데, 통상 기사님 쪽에서 보상하세요."
그는 말 끝을 흐리며 서류철을 반쯤 내밀었다. 빨간 스탬프가 '파손'이라는 글자를 찍어냈다. 스탬프 소리가 내 가슴 어디쯤을 탕, 하고 두드렸다.

그 사이 창고 안에서 누군가가 소리쳤다. "여기 배 상자도 젖었어요!"
아까부터 스며들던 바닥의 물기가, 내내 불안하던 그 물기가, 결국 종이박스 밑단까지 파고들어 원형 얼룩을 만들어 놓았다. 관리자는 CCTV를 가리키며 덧붙였다. "입고 전 상태는 기사님 관리죠. 박스 바닥 젖은 건 '사전 하자'로 봐야 합니다."
"비 예보 떠서 야적 덮개로 두 겹 씌웠습니다."
"규정상…."
그의 말은 언제나 '규정상'으로 시작해서 '보상'으로 끝났다.

결국 계산서는 이렇게 나왔다. 운임 0원. 파손·오염 보상 ○○만원.
서류에 도장 찍는 순간, 손끝이 얼음처럼 차가웠다. 오늘 하루의 기름값, 통행료, 야식값, 며칠 치 피곤까지 한 장의 종이에 납작하게 눌렸다. 속으로 이런 농담이 떠올랐다. '나는 운송기사인가, 1인 보험사인가.' 하지만 목구멍에서 나온 건 웃음이 아니라 마른 기침뿐이었다.

하역장 모서리에서 동료 기사와 눈이 마주쳤다. 그는 담배를 꺼내며 어깨를 으쓱했다. "형님, 오늘도 규정이 이겼네."
"규정이 이기면 사람은 지나?"

그는 쓸쓸하게 웃었다. "사람이 지지 않게 버티려고 규정이 있는 거라 했는데…."

창고를 나와 트럭에 오르자, 라디오에서는 "민생을 살리겠다"는 광고가 흘렀다. 나는 볼륨을 줄여버렸다. 민생은 광고 속에 없고, 젖은 박스와 부서진 과일 사이에 있었다. 도로를 타고 창고를 돌다가, 결국 허기를 다 삼키고 장심리로 방향을 꺾었다. 오늘은 운전대를 내려놓아야 했다.

청람루 마당에 들어서자 강아지가 먼저 달려와 꼬리를 그려냈다. 닭장에 모이를 뿌리니, 알갱이가 떨어지는 소리가 비처럼 잔잔했다. 쑥부쟁이 줄기에서 흙 냄새가 올라왔다. 나는 우물에서 물 한 바가지를 떠서 얼굴을 적셨다. 유리창 너머로 새파란 하늘과, 방금 빨아 널어둔 헝겊 걸레가 바람에 흔들렸다.
낡은 책상 앞에 앉아 공책을 펼쳤다. 손가락은 아직 스탬프 '파손'의 탕 소리를 기억하고 있었지만, 펜촉은 다른 소리를 쓰고 싶어 했다. 박스는 찢어져도, 속살은 온기다. 한 알의 과일에도 봄과 여름이 들어 있다.
강아지가 발치에 기대며 숨을 고를 때, 내 호흡도 서서히 길어졌다. 묘하게도 여백은 사람의 체면이 아니라 체온을 돌려주었다.

해질녘, 다시 도로로 나왔다. 빈 차의 흔들림이 오히려 낯설었다. 라디오에서는 오래된 트로트가 흘렀다. "살다 보니, 별일 다 있더라…." 노랫말이 오늘을 데려다놓고, 어제와 내일을 한자리에 앉혔다. 신호 대기 중 옆 차선을 보니, 어느 냉동탑차 기사가 두 손으로 얼굴을 비비더니, 작은 미소를 짓고 있었다. 아마도 그도 방금 어떤 '규정'을 통과해 온 것이리라. 우리 각자 오늘의 균열을 추스르고, 내일의 핸들을 다시 잡기 위해 미소라는 얇은 붕대를 감는지도 모른다.

휴게소에 들러 국밥을 시켰다. 하얀 김이 올라오고, 후추를 톡톡 뿌렸다. 젓가락으로 파 송송을 건지며 문득 떠올랐다. 부서진 건 물건이고, 상한 건 마음이다. 물건은 돈으로 메우지만, 마음은 사람으로 메워야 한다. 계산대에서 아주머니가 거스름돈을 건네며 말했다. "오늘은 얼굴이 많이 지치셨네요. 달걀 하나 더 넣어드릴걸 그랬나."
그 말 한마디가 뜨거웠다. 보상금으로는 받지 못한 것을, 국밥 한 그릇이 건네 주었다.

밤길로 접어들자, 가로등 아래에 그림자가 길게 늘어졌다. 파손으로 무너진 하루를 겨우 세워 세워 달렸다. 내일도 물류는 움직이고, 사람들의 식탁은 차려질 것이다. 내 역할은 때로는 돈이 되지 않고, 때로는 억울함으로 남겠지만, 그래도 길은 계속된다.

나는 스스로에게 말해 보았다.
"짐이 부서질 때 하루는 무너지지만, 사람이 부서지지 않도록 내일의 핸들을 다시 잡는다."

그리고 다음 신호등이 초록으로 바뀌었다. 아직 끝나지 않은 길이, 조용히 다시 펼쳐졌다.

도로의 함정, 빠진 바퀴

비가 내린 다음날, 국도 옆길은 유난히 어두웠다. 가로등 불빛은 빗물에 번져 희미했고, 아스팔트 틈새는 밤새 불어난 빗줄기를 머금고 있었다. 짐을 실은 채 내리막길을 조심스레 달리던 중, 갑자기 쿵— 하는 소리와 함께 차체가 심하게 기울었다. 오른쪽 뒷바퀴가 도로의 움푹 파인 구덩이에 빠진 것이었다. 핸들이 무겁게 틀리며 트럭은 한쪽으로 기울었고, 심장이 순간 귀에 박동을 울렸다.

비상등을 켜고 차에서 내렸다. 어두운 길 위, 바퀴는 진흙과 깨진 아스팔트 조각 속에 깊이 파묻혀 있었다. 지나던 차량이 경적을 울리며 비켜가고, 나는 반사 조끼를 입고 바퀴 주위를 살폈다. 이 구멍은 오랫동안 방치된 흔적 같았다. 도로 위에 표시도, 안내도 없었다. 세금은 거둬가면서, 왜 구멍 하나는 메우지 못하는가. 울화가 치밀었지만, 먼저 빠져나오는 게 급했다.

잠시 후 동료 기사 두 명이 차를 세우고 달려왔다. "형님, 큰일 날 뻔했네요." 그들은 삽과 목재를 꺼내 바퀴 밑을 받쳐주었다. 셋이서 힘을 모아 차를 움직이자, 바퀴는 천천히 진흙을 벗어났다. 허리에 땀이 줄줄 흘렀고, 손은 흙탕물로 범벅이 되었다. 그러나 빠져나온 순간, 서로의 웃음이 터졌다. 위기는 연대를 만들었고, 그 연대가 곧 희망이었다.

나는 그날 밤 청람루로 돌아왔다. 흙 묻은 작업복을 벗어두고 마루에 앉자, 강아지가 내 무릎에 얼굴을 비볐다. 닭들은 이미 횃대 위에서 잠들어 있었다. 창밖으로는 개울물이 졸졸 흘렀다. 도로의 구멍은 삶을 위협하지만, 자연의 흐름은 여전히 고요하다. 나는 펜을 들어 오늘 일을 기록했다. 여백 속에 담긴 사색은 도로 위의 분노를 서서히 가라앉혔다.

다시 길 위에 오르면, 여기저기 패인 도로가 눈에 들어왔다. 누구는 타이어가 찢겨 멈춰 있었고, 누구는 차체가 긁힌 채 신호를 기다리고 있었다. 그러나 정작 책임을 묻는 목소리는 들리지 않았다. 휴게소에서 만난 한 기사가 말했다.
"형님, 도로는 나라의 얼굴이라면서요? 근데 요즘 얼굴은 구멍투성이입니다."
모두가 피식 웃었지만, 그 웃음 속에는 씁쓸한 체념이 담겨 있었다.
 나는 깨달았다. 도로의 구멍은 단순한 아스팔트의 흠집이 아니었다. 그것은 정치와 행정의 허술함, 그리고 민중이 떠안아야 할 위험의 상징이었다. 그러나 그 구멍을 함께 메우려는 손길이 있기에, 우리는 여전히 길 위를 달릴 수 있었다.

오늘도 나는 다짐한다.
"도로의 구멍은 삶을 무너뜨리지만, 연대의 손길은 언제나 빠진 바퀴를 다시 세운다."
 트럭의 바퀴는 다시 굴러갔고, 그 위에는 흙탕물 튄 자국과 함께 인간의 연대가 묵묵히 실려 있었다.

차박의 밤, 어머니의 얼굴

 장거리 운행을 마치고 돌아오는 길, 도로 사정이 여의치 않아 국도 변 휴게 공간에서 차를 세웠다. 트럭의 엔진 소리가 꺼지자, 새벽의 정적이 차창 안으로 밀려왔다. 의자를 젖히고 눈을 감았지만, 피곤은 좀처럼 잠이 되지 않았다. 괜스레 라디오를 켰다가 꺼버렸다. 침묵이 오히려 편할 것 같았다. 그러나 그 침묵 속에서 떠오른 건 오래전 어머니의 얼굴이었다.

어머니는 늘 작은 등을 굽히고 일하셨다. 밭고랑에서 풀을 매던 모습, 새벽마다 시장에 나가던 뒷모습, 늦은 밤 쑥국을 끓이던 손길. 그 장면들이 차창에 비친 내 얼굴 위로 겹쳐졌다. 나는 어머니의 주름을 따라가며, 어느새 내 얼굴에도 똑같은 선이 그어졌음을 느꼈다.
 나는 공책을 꺼내 펜을 들었다. 차 안의 조명은 희미했지만, 글자는 천천히 종이에 내려앉았다. "어머니, 오늘도 길 위에서 어머니의 손길을 기억합니다. 짐을 싣고 내리는 순간마다, 어머니가 등에 지셨던 삶의 무게를 떠올립니다." 글은 마치 기도로 변했고, 눈가가 젖어갔다. 차박의 밤은 그렇게 어머니의 얼굴로 가득 찼다.

잠시 눈을 붙이려 했지만, 감기는 눈꺼풀 사이로 또다시 기억이 흘러들었다. 어린 시절, 비 오는 날 장독대 위에 비닐을 덮던 어머니의 손, 겨울밤 구들장에 불을 지피며 "따뜻하냐" 물어보던 목소리. 모든 기억이 길 위의 밤과 이어졌다. 나는 글을 멈출 수 없었다. 어머니는 이미 세상을 떠났지만, 어머니의 삶은 내 핸들과 함께 여전히 살아 있었다.

다음 날, 청람루로 돌아왔다. 마당에는 닭이 알을 낳아 울고 있었고, 강아지는 내 발치에 기대어 잠들었다. 나는 마루에 앉아 차박의 밤에 적어둔 글을 다시 읽었다. 빗방울이 지붕을 두드리고, 대숲이 바람에 흔들렸다. 그 고요 속에서 나는 어머니의 숨결을 다시 느꼈다. 청람루의 평화는 어머니의 품과도 같았다.
 다시 길 위에 오르며 나는 스스로에게 물었다. 우리는 왜 고단한 길 위에서 언제나 어머니를 떠올릴까. 그것은 어머니가 삶의 근원이자 길의 뿌리이기 때문이었다. 차박의 밤은 단순한 휴식이 아니라, 기억과 그리움이 다시 살아나는 시간이었다.

휴게소에서 만난 동료 기사가 말했다.
"형님, 차에서 밤새우면 힘들죠? 저는 그럴 때마다 집 생각보다 먼저 어머니 생각이 나더라고요."
그 말에 나는 고개를 끄덕였다. 누구나 길 위에서 가장 먼저 그리워하는 얼굴은 결국 어머니였다.
 나는 오늘도 다짐한다.
"차박의 밤은 고단했지만, 그 속에서 다시 만난 어머니의 얼굴은 내일을 버티게 하는 등불이었다."

트럭의 바퀴는 다시 굴러갔고, 차창 너머 새벽 하늘에는 어머니의 미소 같은 여명이 번지고 있었다.

빈대떡과 탁주, 친구의 웃음

 일요일 오후, 장심리 청람루 마당은 늦가을 햇살로 따뜻했다. 나무 위에서 참새가 지저귀고, 강아지는 마루에 누워 꼬리를 흔들며 졸고 있었다. 그때 마당 입구에서 반가운 목소리가 들려왔다.
"형님, 집에 계십니까?"

오랜 벗이었다. 그는 아내와 함께 불쑥 찾아왔다. 손에는 부침가루 봉지와 파 한 단이 들려 있었고, 아내는 시장에서 막 사온 듯한 탁주 한 병을 들고 있었다. 소박했지만, 그것만으로도 집안 가득 웃음이 번졌다.
 우리는 부엌으로 자리를 옮겨 빈대떡을 부치기 시작했다. 기름이 지글거리는 소리와 함께 파 향기가 퍼졌다. 아내는 뒤집개로 노릇하게 부쳐내며 말했다.
"이 맛은 어디에서도 못 사요. 형님 집에 와야 진짜죠."
친구는 벌써 숟가락으로 반죽을 떠먹으며 농담을 던졌다. "기다리다 굶어 죽겠다."
우리는 함께 웃었다.

탁주를 잔에 가득 따르니, 흰 빛깔이 햇살을 받아 반짝였다. 첫 잔을 기울이며 친구가 말했다.
"형님, 길 위에서 그렇게 고생하면서 언제 웃으십니까? 오늘은 그냥 웃으셔야 합니다."
그 말에 나는 목구멍이 따뜻해졌다. 술이 아니라, 그 말 속에 담긴 우정 때문이었다.

빈대떡 한 조각을 입에 넣자, 고소한 맛이 입안 가득 퍼졌다. 강아지는 옆에서 꼬리를 치며 달라고 졸랐고, 닭장은 이미 저녁을 알리는 울음소리로 가득했다. 청람루는 그 순간 잔치집 같았다. 길 위의 고단함은 잠시 잊히고, 웃음과 정이 자리를 대신했다.

우리는 술잔을 돌리며 지난 세월을 이야기했다. 젊은 시절 함께 뛰놀던 고향 들판, 첫사랑의 이름을 부르며 밤을 지새웠던 기억, 각자 겪은 고난과 실패들. 그러나 이야기는 결국 웃음으로 끝났다. 고단한 세월을 버티게 한 건 거창한 성공이 아니라, 이렇게 소박하게 나누는 웃음과 술잔이었다.

잠시 바람이 불자, 처마 끝 풍경이 맑은 소리를 냈다. 나는 창밖을 바라보며 생각했다. 행복은 멀리 있지 않다. 빈대떡 한 장, 탁주 한 잔, 그리고 함께 웃을 사람이 곁에 있다는 것. 그 사실이 오늘 하루를 충만하게 했다.

밤이 깊어 친구 부부가 돌아갈 때, 나는 마당 끝까지 배웅을 나갔다. 달빛이 은은하게 비추는 길 위에서 친구는 내 손을 꼭 잡았다.
"형님, 우리 살아 있는 동안 자주 보며 삽시다."
나는 고개를 끄덕였다. 길 위의 고단함 속에서도, 이런 순간이 있기에 내일을 버틸 수 있었다.

나는 스스로에게 말했다.
"행복은 빈대떡과 탁주처럼 소박하지만, 그 소박함이야말로 삶을 지탱하는 가장 든든한 힘이다."

트럭의 바퀴는 다시 굴러가겠지만, 오늘의 웃음은 오래 남아 마음의 연료가 되어줄 것이다.

사고 이후, 법정의 길

사고는 그날로 끝나는 줄 알았다. 유리 파편이 쓸리고, 구급차가 떠나고, 견인차가 차를 끌고 가면 장면은 닫히는 법이라고 믿었다. 그러나 진짜 사고는 그다음 날, 서류가 등장하면서 시작되었다. 보험사 직원이 들고 온 약관집은 내 트럭보다 무거워 보였고, 상대 측 대리인은 단정한 넥타이를 매고 미소로 방어막을 쳤다. "사실관계는 존중합니다만, 과실비율 70:30 제안을 드립니다." 숫자는 공손했으나, 내 하루 매출과 수리비, 휴차 손해, 대체 운전기사 비용, 그사이 끊긴 생계의 빈칸들까지는 계산하지 않았다.

첫 조정기일, 법원 복도는 마치 또 하나의 대합실 같았다. 사람들은 각자의 억울함을 손에 들고 번호표처럼 쥐고 있었다. 금속 탐지기를 지나 대기실에 앉자, 벽 시계 초침 소리가 내 심장보다 커졌다. 내 차의 블랙박스 메모리는 변호사와 감정인이 프레임 단위로 되감았다. "여기 0.5초, 브레이크 등 점등이 늦었습니다." 0.5초. 사람의 삶은 종종 그 미세한 시간차에 매달린다.

조정실 문이 열리고, 원탁에 마주 앉았다. 상대 운전자는 내 또래의 가장이었다. 그는 회사 패치가 달린 점퍼를 입고 있었고, 왼손 검지에 밴드를 붙이고 있었다. 우리 서로가 '가해자'와 '피해자'로 호명되는 동안도, 그의 휴대폰 화면에 잠깐 비친 아이 사진이 눈에 밟혔다. 우리 둘 다 길 위에서 생계를 버틴 사람들인데. 문제는 우리가 아니라, 사고 이후 우리를 데려가는 체계의 길일지도 모른다는 생각이 스쳤다.

  보험사 직원은 조정위원에게 '관례'를 말했고, 나는 내 트럭의 궤적과 그 날의 빗줄기, 경사도와 제동거리, 빈 짐칸의 흔들림을 말해야 했다. 법은 중립적이었다. 그러나 비용은 결코 중립적이지 않았다. 평등은 판결문에서 드러나지만, 불평등은 대기실의 커피값에서부터 시작된다. 조정은 결렬되었고, 다음 기일을 통보받았다. "증인신청과 감정신청서, 기한 내 제출하시고요." 캘린더에는 또 하나의 빨간 표시가 박혔다. 그 표시는 내 통장 잔액의 또 하나의 마이너스와 같은 의미였다.

기일 사이, 운행을 잠시 줄이고 장심리 청람루로 돌아왔다. 마당 흙이 축축했고, 대숲은 바람결에 율동을 했다. 강아지는 내 무릎을 툭 치고 앉았다. 닭장 문을 열어주니 닭들이 순서대로 나와 모이를 쪼았다. 기계적인 '절차'가 저마다의 생명 리듬으로 바뀌는 장면. 나는 오래 앉아 물 한 바가지를 마시고, 노트를 펼쳤다. 법정이 진실을 바느질한다면, 여백은 상처를 꿰매는 바늘귀다. 펜촉이 종이를 할퀴지 않도록 천천히 써 내려갔다. 저녁볕이 마루 끝에 걸릴 때, 다친 마음의 열이 조금 내려갔다. 여백은 주장보다, 때로 구원에 가깝다.

다음 기일, 판사는 담담했다. "양측 다 기록을 보니 과실은 쌍방에 일부…." 말끝이 법정의 공기를 낮추었다. 변론 종결, 선고기일 통지. 원고석에서 자리 일어나며 나는 상대를 향해 허리를 꾸벅 숙였다. 그는 잠깐 머뭇대다 똑같이 허리를 굽혔다. 복도에서 마주친 순간, 그는 낮게 말했다.

"저도 죄송합니다." 나는 대답했다. "저도요. 다치지 않은 것만으로 다행입니다." 그 짧은 대화가, 수십 장의 서면보다 더 인간적이었다.

휴게소로 돌아와 국밥을 받아들고, 뚝배기 김이 올라오는 틈으로 오늘을 정리했다. 같은 테이블에 앉은 젊은 기사가 물었다. "형님, 소송은 끝났습니까?"

"끝나가는 중이지. 근데 길은 계속이지."

그는 웃었다. "법정 국밥은 없죠. 그래도 국밥은 법정입니다. 뜨겁고, 기다리면 식고, 안 먹으면 굳어버리고."

우리는 웃었다. 해학은 늘 무거운 자리에 먼저 도착하는 가벼운 의자였다.

선고일, 일부 승소. 숫자로 보자면 반의 반쪽을 가져왔다. 법은 그렇게 절충의 얼굴로 우리를 돌려보냈다. 판결문에는 사실과 법리가 있었지만, 판결문 밖의 길에는 오늘도 사람들의 저녁이 있었다. 판결 이후 첫 운행, 와이퍼가 비를 물수건처럼 닦아냈다. 도로 위 환한 현수막이 스친다. "공정한 사회." 나는 볼륨을 낮추고, 깜빡이를 켰다. 공정은 깜빡이처럼 먼저 알리고 기다려 주는 습관에서 시작되는지도 모른다.

그날 밤, 청람루에서 마지막 문장을 적었다. 법은 필요하다. 그러나 법이 다가 아니다. 길 위의 예의, 서로에 대한 작은 양보, 먼저 멈춰 서는 용기, 미안하다는 한마디… 그 모든 것이 판결문에 쓰이지 않는 정의다. 강아지가 하품하며 고개를 파묻고, 닭들은 횃대 위에서 균형을 잡았다. 삶은 판결과 무관하게 계속되었다.

다음날, 새벽 출차. 깜깜한 하늘 아래 헤드라이트 두 줄이 길을 잇는다. 나는 스스로에게 속삭인다.

"정의는 판결문에서 시작되고, 사람의 얼굴에서 완성된다."

그리고 길은, 늘 그랬듯 조용히 내 앞에 열렸다.

휴게소의 낯선 인연

 늦은 밤, 국도와 고속도로가 갈라지는 지점에 있는 작은 휴게소에 차를 세웠다. 트럭 엔진의 열이 아직 식지 않아 후끈했지만, 바람은 차갑게 얼굴을 스쳤다. 자판기 커피 한 잔을 뽑아 들고 의자에 앉자, 옆자리에 낯선 남자가 다가와 앉았다.

그는 중절모를 눌러쓰고 있었고, 구두는 흙먼지로 덮여 있었다. 손에는 작은 서류봉투가 들려 있었다. 커피를 한 모금 마신 그는 나를 흘끗 보며 말을 건넸다.
"기사님, 어디까지 가십니까?"
"대구까지 갑니다. 과일 혼적이라서요."
"저는 서울 올라갑니다. 장례 마치고 돌아가는 길이라 잠시 쉬고 있습니다."

그는 갑자기 봉투를 열어 보여주었다. 그 안에는 검은 띠를 두른 사진 한 장이 있었다. 환하게 웃는 얼굴의 여인이었다.

"누이 동생입니다. 너무 갑작스럽게 갔습니다."
그의 목소리는 낮았지만, 눈빛은 붉게 젖어 있었다. 낯선 이의 슬픔이었지만, 그 순간 나도 가슴이 먹먹해졌다. 도로 위에서는 모두가 목적지를 향해 달리지만, 사실은 각자의 상실과 슬픔을 싣고 있었다.

휴게소 식당에서 국밥을 함께 먹게 되었다. 국물은 평범했지만, 대화는 깊어졌다. 그는 말했다.
"저는 오랫동안 금융권에 있었는데, 이제 그만두고 싶습니다. 돈은 남았지만, 사람은 남지 않았습니다."
나는 대답했다. "우린 돈은 남지 않아도, 길 위에서 사람은 남습니다."
그는 잠시 나를 바라보다 고개를 끄덕였다. 서로 다른 길을 살아왔지만, 그 순간 우리는 같은 자리에서 같은 국밥을 나누고 있었다.

장심리 청람루로 돌아오면, 그날 밤 휴게소의 풍경이 떠올랐다. 강아지가 내 발치에 기대어 앉아 꼬리를 흔들고, 닭들이 모이를 쪼아대는 모습 속에, 나는 그 낯선 남자의 표정을 겹쳐 보았다. 사람은 언제 어디서든, 낯선 이를 통해서도 삶의 진실을 배우는구나. 청람루의 고요는 그 만남을 오래 간직하게 했다.

다시 길 위로 오르면, 나는 종종 다른 낯선 이들을 만난다. 어떤 이는 장사를 접고 고향으로 내려가는 상인이었고, 어떤 이는 이별을 앞둔 병든 아버지를 찾아가는 딸이었다. 우리는 서로 이름도 모른 채 스쳐 지나가지만, 그 순간만큼은 삶의 짐을 나누는 동행이었다.

휴게소에서 헤어질 때, 그는 내 손을 꼭 잡으며 말했다.
"기사님, 꼭 안전하게 가십시오. 이 밤에도 길을 달려주는 분들이 있기에, 세상은 아침을 맞이하는 겁니다."

나는 그의 눈빛에서 진심을 읽었다.

나는 스스로에게 속삭였다.
"낯선 인연은 길 위에서 피어나는 가장 짧지만, 가장 깊은 위로다."

트럭의 바퀴는 다시 굴러갔고, 그날 밤의 국밥과 낯선 인연은 오래도록 마음속 불빛으로 남아 있었다.

라디오 사연, 길 위의 목소리

한밤중, 국도를 달리며 라디오 다이얼을 돌렸다. 정적이 섞인 주파수 속에서 누군가의 목소리가 흘러나왔다. "오늘도 야간 근무 마치고 돌아가는 길입니다. 어머니가 끓여준 미역국이 먹고 싶네요." 짧은 사연이었지만, 그 목소리에는 피곤함과 그리움이 동시에 묻어 있었다. 나는 핸들을 잡은 채, 마치 내 이야기처럼 그 말을 곱씹었다.

다음 사연은 택배기사였다. "하루 300개 박스를 배송하면서도, 아직 집 대출은 절반도 못 갚았습니다. 그래도 손님들이 '수고 많으세요' 한마디 하면 힘이 납니다." 그의 웃음 섞인 말 뒤로, 진행자가 "모두의 땀방울이 세상을 움직인다"라고 답했다. 도로 위, 수많은 화물차와 택배차, 버스와 택시의 불빛이 그 말과 함께 살아 움직이는 듯했다.

나는 순간 생각했다. 라디오는 단순한 기계음이 아니라, 길 위에서 흩어진 민중의 목소리를 모으는 그릇이었다. 각자의 피곤과 기쁨, 그리움과 희망이 한 채널 안에서 서로를 만났다. 그 속에서 나는 혼자가 아니었다.

운전석 옆자리에 놓인 커피는 이미 식어 있었지만, 사연을 들을수록 마음은 뜨거워졌다. 누군가는 아픈 아이의 병원비를 걱정했고, 누군가는 첫사랑의 결혼 소식을 들으며 쓸쓸함을 고백했다. 길 위의 사연들은 모두 짧았지만, 한 사람의 인생이 농축된 울음과 웃음이었다.

며칠 뒤, 청람루로 돌아왔다. 강아지는 꼬리를 흔들며 내 발치에 앉았고, 닭들은 모이를 쪼아대며 하루를 시작했다. 마당에 앉아 라디오를 켜니, 낮 방송에서는 또 다른 사연이 흘러나왔다. 젊은 어머니가 쓴 글이었다. "아이를 돌보며 라디오를 듣습니다. 잠깐의 음악이 제게는 큰 쉼이 됩니다." 청람루의 고요와 라디오의 목소리가 겹쳐지며, 나는 깨달았다. 소박한 목소리 하나가 사람을 살린다.

 다시 길 위에 올랐을 때, 라디오는 여전히 흘러나왔다. 이번에는 농부의 사연이었다. "올해 장마에 벼가 많이 쓰러졌습니다. 그래도 다시 일으켜 세우며 버팁니다." 그 말에 진행자가 덧붙였다. "쓰러진 벼도 다시 일어서듯, 우리도 그렇게 살아야지요." 나는 미소를 지었다. 그 말은 단순한 격려가 아니라, 길 위에서 살아가는 우리 모두의 다짐 같았다.

휴게소에서 동료 기사에게 이 이야기를 꺼냈다. 그는 국밥을 떠먹다 말고 고개를 끄덕였다.
"형님, 라디오는 참 묘합니다. 그냥 소리인데, 우리 마음을 흔들어요."
나는 대답했다. "그게 목소리의 힘이겠지요. 글자는 종이에 남지만, 목소리는 사람의 가슴에 남습니다."
 오늘도 나는 다짐한다.
"길 위의 라디오는 소음이 아니라, 민중의 합창이다. 그 목소리가 모여 내일의 희망을 부른다."
 트럭의 바퀴는 다시 굴러갔고, 라디오의 목소리는 밤하늘을 가르며 도로 위를 환히 밝혀주고 있었다.

특권 차량 행렬과 서민의 도로

　서울 외곽순환도로를 달리던 날이었다. 교통 체증은 예상보다 심하지 않았는데, 갑자기 경찰 오토바이가 앞으로 나섰다. 이어서 경광등을 단 차량들이 도로를 가로질러 비켜 서라 손짓했다. 순식간에 차들이 옆으로 밀려나며 길이 텅 비어졌다. 그 중앙을 따라 검은 세단 여러 대가 줄지어 지나갔다. 창문은 짙은 선팅으로 가려져 있어 안이 보이지 않았지만, 그 안에는 누군가의 권력과 지위가 앉아 있을 터였다.

　트럭 안에서 나는 무겁게 핸들을 붙잡았다. 뒤에는 식자재를 기다리는 식당, 앞에는 결혼식을 준비하는 집, 옆에는 지방 병원으로 향하는 환자를 태운 승합차가 있었다. 모두 제 시간에 도착해야 할 이유가 있었지만, 그 순간 도로는 그들의 것이 아니었다. 오직 몇 대의 검은 세단만을 위해 길은 비워졌다.
　차들은 경광등이 사라지자 다시 분주히 움직였다. 그러나 이미 리듬이 끊겼고, 밀린 신호에 갇힌 차량들은 경적을 울리며 불만을 쏟아냈다. 나는 창 밖을 보며 중얼거렸다. 길 위의 평등은 언제쯤 가능할까.

며칠 뒤, 장심리 청람루로 돌아왔다. 마당에서 강아지는 꼬리를 흔들며 뛰어다녔고, 닭들은 고요히 모이를 쪼고 있었다. 자연의 질서는 간단했다. 강아지가 먼저 먹으려 하면 닭이 옆에서 기다리고, 닭이 모이를 쪼면 강아지는 그 옆을 맴돌 뿐이었다. 서로 양보하며 균형을 맞췄다. 인간의 도로가 동물의 마당만큼도 못하다니. 나는 쓴웃음을 지으며 글을 썼다. 청람루의 고요는 풍자를 넘어, 시대를 바라보는 비판의 여백이 되었다.

다시 길 위에 오르면, 차들은 여전히 크기와 색깔, 번호판으로 신분을 드러냈다. 오래된 화물차는 옆 차선에서 밀려났고, 고급 승용차는 새치기를 일삼았다. 그러나 휴게소에 들어서면 사정은 달랐다. 트럭 기사와 고급차 운전자가 나란히 서서 국밥을 받아 들고, 같은 플라스틱 의자에 앉아 숟가락을 들었다. 국밥 앞에서는 모두가 서민이었고, 계급은 땀방울에 녹아 사라졌다.

휴게소에서 만난 한 동료 기사가 말했다.
"형님, 도로는 참 이상합니다. 힘 있는 사람은 길을 차지하고, 힘 없는 사람은 길가로 밀려나죠. 근데 국밥은 다 같이 먹잖아요. 그게 진짜 세상 아닐까요."
그 말에 나는 고개를 끄덕였다. 국밥 한 그릇의 평등은, 도로의 불평등보다 더 오래 기억될 것이다.

나는 오늘도 다짐한다.
"도로 위의 특권은 순간이지만, 서민의 길은 영원하다. 진짜 역사는 검은 세단이 아니라, 낡은 트럭의 바퀴 자국에 남는다."

트럭의 바퀴는 다시 굴러갔고, 특권 차량이 지나간 자리를 서민들의 땀과 눈물이 묵묵히 메우고 있었다.

밤샘 운행과 새벽의 병원 불빛

밤새 달린 고속도로는 무거웠다. 트럭 헤드라이트가 뿜어내는 빛줄기만이 어둠을 가르고 있었고, 간헐적으로 지나가는 차량의 불빛이 잠시 동료가 되어주었다. 졸음을 쫓기 위해 라디오를 켰지만, 반복되는 음악조차 귀에 들어오지 않았다. 어깨가 무거워지고 눈꺼풀이 점점 내려앉을 때쯤, 멀리 병원 건물이 보였다. 새벽 다섯 시, 희미한 불빛이 창마다 켜져 있었다.

그 불빛은 단순한 조명이 아니었다. 누군가는 수술을 기다리고 있었고, 누군가는 긴 밤을 간호하다가 잠깐 눈을 붙였을 것이다. 또 누군가는 응급실 의자에 앉아 기도를 올리고 있었을지도 모른다. 나는 병원 앞 신호등에 잠시 멈추며, 트럭 속에서 그들의 삶을 상상했다. 길 위의 피곤이 힘들다 해도, 저 불빛 아래의 고단함에 비할까.

짐을 내리고 나오는 길, 병원 앞 벤치에는 한 노인이 앉아 있었다. 두 손을 무릎에 모으고, 고개를 숙인 채 떨고 있었다. 나는 트럭을 세우고 다가가 물었다.

"어르신, 추우신데 여기 계십니까?"
그는 고개를 들며 힘없이 웃었다.
"손자가 안에서 수술 중이네. 그냥… 여기 있어야 마음이 놓여서."
그 짧은 말 속에서 한 가족의 절박함이 고스란히 전해졌다. 나는 아무 말도 할 수 없어, 국밥 한 그릇 살 돈을 그의 손에 쥐여드렸다. 그는 손을 저었지만, 끝내 눈시울을 붉히며 고개를 숙였다.

며칠 뒤, 청람루로 돌아왔다. 밤새의 피곤이 몰려왔지만, 마당의 햇살은 따뜻했다. 강아지는 꼬리를 흔들며 내 발치에 몸을 비비고, 닭들은 모이를 쪼며 여유로운 아침을 즐기고 있었다. 나는 마루에 앉아 노트를 펼쳐 병원 앞에서 본 장면을 적었다. 불빛은 단순히 공간을 밝히는 것이 아니라, 인간의 고통과 희망을 함께 드러낸다. 청람루의 고요 속에서 병원의 불빛이 다시 떠올랐고, 그 불빛은 내 마음을 길게 울렸다.

다시 길 위에 오르니, 새벽마다 켜진 병원 창들이 눈에 밟혔다. 누구는 생명의 문턱에서, 누구는 이별의 문 앞에서, 누구는 단순히 진료 순서를 기다리며 앉아 있을 것이다. 그 수많은 삶의 고단함을 싣고 달리는 길 위에서, 나는 더 조심히 핸들을 잡았다.

휴게소에서 만난 한 동료 기사가 내게 말했다.
"형님, 병원 불빛 보면 마음이 이상하지 않습니까? 거기엔 돈으로도 못 막는 눈물이 있잖아요."
나는 대답했다. "맞습니다. 도로 위의 불빛은 잠시지만, 병원 불빛은 사람의 삶과 직결되어 꺼지지 않습니다."
우리는 잠시 국밥을 떠먹으며 침묵했다.

나는 오늘도 다짐한다.

"새벽의 병원 불빛은 인간의 고통을 비추지만, 동시에 희망을 밝힌다. 길 위의 운전도, 결국은 그 희망을 지키는 또 하나의 등불이다."

트럭의 바퀴는 다시 굴러갔고, 새벽의 병원 불빛은 여전히 수많은 사람들의 삶을 밝히고 있었다.

장례식장의 새벽, 친구의 빈자리

장례식장의 새벽은 유난히 조용하다. 밤을 지새운 조문객들의 발자국 소리가 바닥에 눌어붙은 듯, 카펫 위에 가라앉아 있었다. 출입문 옆 자동문은 사람을 놓치지 않으려는 듯 잠깐 느리게 닫혔다. 나는 새벽 배송을 마치고, 화환을 싣고 다시 그곳으로 향했다. 바퀴가 경사로의 고무패드를 타고 오를 때, 전조등 빛이 검은 양복의 등에 길게 드리워졌다.

영정 앞 흰 국화는 밤새 향을 놓치지 않았다. 향로에서 피어오르는 연기는 천천히 휘어져 천장에 닿고, 전등빛에 스며 사라졌다. 상주인 친구의 아내는 눈두덩이 붉게 달아올라 있었지만, 낯선 장례 절차를 익힌 듯 몸짓은 침착했다. "이쪽에 놓아주세요. 리본에는 '길 위의 동지들'로요." 나는 수의처럼 얇은 종이 리본에 적힌 글자를 한 번 더 훑었다. 동지. 길 위에서 진짜 서로를 떠받들던 단어가 그 짧은 천 위에 매달려 있었다.

방명록 위에는 낯익은 이름들이 줄지어 있었다. 밤차를 타고 달려왔을 동료 기사, 지방 현장에서 바로 올라온 선배, 모는 손에 석고가루가 남아 있는 목수까지. 우리는 인사를 생략했다. 다들 알고 있었다. 새벽 장례식장은 말보다 묵념이 먼저였고, 어깨에 손을 얹는 시간이 가장 긴 위로라는 것을.

빈소 한쪽에서 조촐한 식사가 준비되었다. 스테인리스 뚝배기에 미역국이 눌어붙지 않도록 식당 이모가 국자를 계속 저었다. "자, 뜨거울 때 드세요." 숟가락을 들다 문득 웃음이 나왔다. 접시 한쪽에 놓인 고등어구이는 가장자리가 조금 타 있었다. 생전에 친구가 하던 농담이 떠올랐다. "인생은 고등어 같은 거지. 가운데는 촉촉한데, 한쪽은 꼭 탄다니까." 웃음이 솟구치는 순간, 눈물이 먼저 앞질렀다. 함께 앉은 기사는 내 어깨를 톡, 두드렸다. "형님, 탓하지 맙시다. 탄 쪽도 먹다 보면 맛이 납니다." 새벽에 울려 퍼진 해학은 누군가의 마음을 살짝 일으켜 세웠다.

영정 사진 속 친구는 푸른 모자를 쓰고 있었다. 트럭 사이드미러를 닦을 때마다 하늘을 오래 보던 습관을 떠올렸다. 그가 남긴 장갑은 아직도 창고 락커에 걸려 있고, 커피 자판기 버튼을 누를 때마다 엄지로 한 박자 더 누르던 癖도 눈앞에 보였다. 상갓집 주차요원이 차량을 정리하며 말했다. "고인께서 기사셨군요. 기사님들이 많이 오시네요." 나는 고개를 끄덕였다. 길 위의 동지들이, 새벽의 국밥 같은 온기로 모이고 있었다.

잠시 바깥 공기를 마시려 유리문을 밀고 나왔다. 회색 하늘 밑으로 신문 트럭이 지나갔고, 분리수거차가 덜커덩 소리를 냈다. 세상은 멈추지 않았다. 누군가는 아직 출근 전이고, 누군가는 막 퇴근이었다. 장례식장의 시간은 멈춰 서 있는데, 도로의 시간은 쉼 없이 흐르고 있었다. 그 간극이 얼얼했다.

그날 오후, 잠시 장심리 청람루로 향했다. 몸을 눕히면 곧장 잠들 수 있을 것 같았는데, 의외로 나는 마루 끝에 앉아 있었다. 강아지는 조용히 내 무룹에 턱을 올리고, 닭들은 횃대에서 고개를 한쪽으로 기울였다. 바람이 대숲을 스치며 연필심 같은 소리를 냈다. 나는 공책을 펴고 적었다. 사람은 떠나도, 사람이 남긴 자리는 길게 빛난다. 그 자리에서 나머지 사람들은 서로에게 등을 내준다. 청람루의 고요는 빈소의 정적과 달랐다. 슬픔이 정지된 물이라면, 이곳의 고요는 흐르지만 소리 없는 물이었다. 그 물에 마음을 씻어야 다시 길을 탈 수 있을 것 같았다.

다시 장례식장으로 돌아왔을 때는 발인 시간 직전이었다. 상주가 조객들에게 허리를 깊게 숙였다. "고마웠습니다." 짧은 네 글자가 빈소를 가득 메웠다. 누군가는 부의함 앞에서 봉투를 넣고, 누군가는 고인의 사진 앞에서 더 오래 고개를 숙였다. 나는 염한 관의 모서리를 마지막으로 쓰다듬었다. 나무의 결이 뚜렷했다. 잔금이 어둠 속에서도 살아 있었다. 친구야, 길이 더 멀었는데, 네가 먼저 쉬어라.

발인차가 움직이자, 주차장의 모든 사람이 한순간 멈췄다. 경례를 하듯 모자를 벗는 사람, 손을 모으는 사람, 그저 눈을 감는 사람. 발인차의 느린 바퀴가 아스팔트와 마찰음을 만들었다. 나는 그 소리가 기도 같다고 생각했다. 길 위에서 우리가 매일 내는 바퀴 소리는 결국 누군가의 이름을 부르는 발음이었는지도 모른다.

정산실 옆, 자판기 앞에서 잠깐 어색한 웃음이 오갔다. 동료가 동전을 잘못 넣어 커피 대신 코코아가 나왔다. "이상하네, 왜 달달한 게 나오지." "오늘은 쓰기만 한 날이니까, 이 한 잔만 달게 마십시다." 달큰한 코코아는 입천장에서 금방 사라졌지만, 그 한 모금의 농담은 마음에 오래 남았다. 삶은 이상하게도 이런 모퉁이에서 사람을 붙잡는다.

해가 기울 무렵, 나는 다시 운전석에 올랐다. 길은 어김없이 열려 있었고,

다음 목적지의 주소가 내비에 떠 있었다. 라디오에서는 진행자가 평범한 멘트를 흘렸다. "오늘도 무사한 하루 되시길 바랍니다." 영정 앞에서 듣던 그 말과 똑같은 문장인데, 길 위에서 들으니 또 달랐다. *무사(無事)*는 아무 일도 없는 무덤한 날이 아니라, 서로 다치지 않게 나아가는 약속의 다른 이름이었다.

클러치를 밟기 전, 나는 핸들에 이마를 잠깐 기댔다. 새벽의 병원 불빛, 낮의 발인차, 저녁의 청람루. 하루의 세 얼굴이 겹쳤다. 공책 마지막 장에 이렇게 썼다.

"죽음은 우리를 멈춰 세우지만, 남은 자의 길은 서로의 빈자리를 나눠 지며 다시 열린다."

시동을 걸자, 계기판 불빛이 조용히 켜졌다. 다음 표지판이 다가오고, 길은 또 한 줄의 문장처럼 펼쳐졌다.

제6 부

목요일의 소나기, 도로의 합창
고속도로 졸음쉼터의 새벽
도심 배송의 낮은 계단
고향 장터의 낮과 밤
폭설의 밤, 고립된 도로
빈차로 돌아오는 길
청람루의 편지
밤길에 스친 야생동물의 그림자
난초꽃 피운 짐꾼의 손
흙더미로 막힌 길, 외길의 진실

제6부

목요일의 소나기, 도로의 합창

 목요일 오후, 경부고속도로 중간쯤에서 갑자기 하늘이 갈라졌다. 예보에는 없던 소나기였다. 햇빛이 쏟아지는 한쪽 하늘과, 먹구름이 뒤덮은 반대편 하늘이 서로 맞부딪치듯 경계선을 그었다. 빗줄기는 순식간에 아스팔트를 두드리며 북소리처럼 퍼졌다. 와이퍼가 분주히 움직였지만, 앞유리는 금세 물막으로 흐려졌다.

 앞차들은 급히 비상등을 켰고, 어떤 이는 차를 갓길에 세웠다. 트럭들은 저마다 속도를 줄였지만, 경적은 여기저기서 울려 퍼졌다. 누군가는 급정거를 했고, 누군가는 추월을 시도했다. 빗방울 소리와 엔진음, 경적과 브레이크 마찰음이 뒤엉켜 도로는 마치 즉흥 연주가 된 듯했다. 소나기는 지휘자였고, 우리는 모두 제각각의 악기를 가진 연주자였다.
 나는 창문을 조금 내렸다. 차 안으로 흙 냄새와 물비린내가 밀려 들어왔다. 순간, 어린 시절 여름방학이 떠올랐다. 시골 마당에서 소나기를 맞으며 친구들과 뛰놀던 기억. 그때는 젖어도 웃음뿐이었는데, 지금은 젖으면 보험 청구와 수리비가 떠오른다. 인생의 무게는 비와 함께 커진 듯했다.

휴게소에 들어서자 풍경은 또 달랐다. 우산을 못 챙긴 기사들이 각자 봉지나 상자 덮개를 머리에 이고 뛰었다. 누군가는 쓰레기봉투를 뒤집어쓰고 웃으며 외쳤다. "패션쇼 구경하세요!" 모두가 폭소를 터뜨렸다. 그 짧은 웃음이 소나기보다 시원했다.

청람루에 돌아온 날 저녁, 마당에서도 빗줄기가 쏟아졌다. 강아지는 처마 밑에서 꼬리를 감추고 눈만 굴렸고, 닭들은 횃대 위에서 깃털을 부풀리며 버텼다. 나는 마루 끝에 앉아 빗소리를 들었다. 자연은 언제나 합창을 한다. 번개는 북소리, 빗방울은 현악기, 바람은 관악기. 인간의 도로보다 훨씬 질서 있는 연주였다. 여백 속에서 나는 글을 적었다. 소나기는 도로를 멈추게 했지만, 고요는 내 마음을 다시 달리게 한다.
 다시 길 위로 나서자, 빗줄기는 잦아들고 노을이 도로 위에 퍼졌다. 소나기에 갇혀 있던 차량들이 다시 흘러가기 시작했다. 경적은 줄었고, 창문 너머로는 사람들의 안도하는 얼굴이 보였다. 그 순간 깨달았다. 빗속의 합창은 혼란이 아니라, 결국은 서로 기다려준 연습곡이었다.

휴게소에서 동료 기사와 국밥을 먹으며 이야기를 나눴다.
"형님, 아까 소나기 때문에 죽는 줄 알았습니다. 근데 웃기더라고요. 다들 우왕좌왕인데, 그게 또 살아 있다는 증거잖아요."
나는 고개를 끄덕였다. "맞습니다. 혼란 속에서도 웃음이 있으면, 도로는 다시 노래가 됩니다."
 나는 오늘도 다짐한다.
"소나기는 도로를 혼란스럽게 하지만, 사람들의 웃음과 기다림이 그 혼란을 합창으로 바꾼다."

트럭의 바퀴는 다시 굴러갔고, 목요일의 소나기는 도로 위에 짧지만 깊은 합창을 남기고 사라졌다.

고속도로 졸음쉼터의 새벽

　새벽 네 시 반, 경적 소리도 잠든 시간에 도로는 이상하게 더 빨라 보인다. 헤드라이트 두 줄이 어둠을 째고 지나갈 뿐, 사방은 텅 빈 바다 같다. 나는 창문을 조금 내리고 차가운 바람을 들이켰다. 쓴 커피를 벌컥 삼켰지만 눈꺼풀은 기어오르는 납덩이처럼 다시 내려앉았다. 라디오는 '졸리면 쉬어가라'고 다정하게 말했지만, 운임표의 숫자는 '지금 멈추면 늦는다'고 야멸차게 속삭였다.
　그때였다. 눈앞의 차선이 순간 구겨지듯 흔들렸다. 휙— 하는 바람 소리와 함께 차체가 옆 라인으로 반발처럼 밀려났다. 핸들을 본능적으로 움켜쥐고 정신을 번쩍 차렸다. 손바닥이 축축했다. 이런 순간은 오래 설명할 수 없다. 단 한 번의 깜박임이 소설 한 권의 후일담을 남긴다. 나는 그 길고 짧은 순간을 겨우 붙잡고, 다음 표지판에 적힌 '졸음쉼터 1km'를 향해 방향지시등을 켰다.

　졸음쉼터는 작은 섬 같았다. 어둠 속에 등불 같은 가로등 몇 개가 깜박이고, 자판기 옆 벤치에는 담요를 뒤집어쓴 청년이 목까지 웅크린 채 잠들어 있었다. 승용차 한 대는 운전석을 뒤로 젖힌 채 아버지가 아이 머리맡에 수건을 덮어주고 있었고, 내 앞쪽에서는 냉동탑차 기사가 목을 돌리며 스트레칭을 했다. "하나, 둘, 셋… 허리로 숨 쉬세요." 그는 누군가에게 가르치듯 혼잣말을 했다. 잠은 모든 계급을 묶는 끈이었다.

자판기 커피를 뽑아 들자, 컨테이너 작업복을 입은 스무 살쯤 청년이 어깨를 주물렀다.
"형님, 담요 좀 더 가져가세요. 편의점 사장님이 빌려줬어요."
"괜찮다. 너나 덮어."
"저는 곧 출발해야 해서요. 오늘 안에 세 군데 돌아야 합니다."
그는 억지로 웃었다. 눈꺼풀 아래 보라빛 그림자가 얇게 드리워졌다. 젊음은 잠을 이기는 줄 알았던 시절이 있었지만, 도로는 나이를 묻지 않는다. 피곤 앞에서 모두 공평했다.

쉼터 끝자락에는 구조대 차량이 조용히 주차되어 있었다. 구급대원이 종이컵 라면을 후후 불며 먹고 있었고, 도로관리원은 형광 조끼에 젖은 얼룩을 손등으로 훔쳤다. 우리는 서로 말없이 고개만 끄덕였다. 밤과 피곤을 다루는 직업들이 같은 모서리에 기대어 숨을 고르고 있었다.

나는 핸들에 이마를 대고 15분만 눈을 붙이기로 했다. 잠깐의 어둠이 눈 속으로 고요하게 흘렀다. 꿈인지 현실인지 모를 경계에서 어머니의 목소리가 들렸다. "졸리면 좀 쉬어라. 길은 도망 안 간다." 깨고 나니 입술이 말라 있었다. 그러나 심장은 한결 가벼웠다. 잠은 빚처럼 미뤄둘 수 없다는 걸, 도로가 늘 가르쳐준다.

문득 몇 해 전의 장면이 떠올랐다. 체인 미장작업으로 인해 차로가 좁아진 구간에서, 나는 한 번 졸음에 져서 차선에 살짝 걸친 적이 있다. 그때 내

옆을 스치던 승용차 창문 너머로 아기의 머리카락이 반짝였다. 등골이 서늘해졌다. '사고의 주어는 늘 사람이다'라는 평범한 문장이 그날 이후 내게 규칙이 되었다. 나는 그때부터 졸리면 무조건 쉼터로 들어왔다.

해가 엷게 오르자 쉼터의 풍경은 서서히 바뀌었다. 자판기는 동전이 떨어지는 소리를 덜컹대며 내고, 청년은 담요를 접어 편의점에 돌려주었다. "형님, 안전운전 하세요." 그는 다시 차에 오르며 허리를 쭉 폈다. 나는 엄지손가락을 들어 보였다. 그 단순한 몸짓에 '살아 돌아가자'라는 약속이 실렸다.

그날 오후, 잠깐 운행을 줄이고 장심리 청람루로 향했다. 마당은 햇살이 얕게 깔려 있었고, 강아지는 내 바짓가랑이를 코로 툭 치고 나서 옆으로 뒹굴었다. 닭장 문을 열자 닭들이 줄줄이 내려와 흙을 헤집었다. 끓여 둔 보리차를 머그컵에 따르니, 뜨겁지도 차갑지도 않은 온기가 배 속으로 스며들었다. 나는 마루에 앉아 방금 꺼낸 메모 노트 첫 줄에 적었다. "쉬어가는 시간은 비용이 아니라 연료다." 고개를 들어 대숲을 보니 바람이 잎을 가지런히 쓸어내렸다. 도로에서는 브레이크를 밟아야 하고, 여기선 호흡을 놓아야 했다. 둘 다 멈춤이었지만, 하나는 충돌을 막는 멈춤, 다른 하나는 지속을 가능케 하는 멈춤이었다.

다시 길로. 표지판이 매달린 고가 아래로 들어설 때, 나는 습관처럼 거울의 나를 확인했다. 눈동자 테두리에 남은 피곤의 잔상이 옅어지고 있었다. 무전기에선 동료들이 짧게 주고받았다.
"앞에 공사, 서행."
"졸리면 쉼터, 잊지 마."
우리의 안부 인사는 늘 도로 문장으로 번역됐다. '안녕?' 대신 '서행', '조심', '쉼터'.

휴게소에서 국밥을 받아들고 앉자, 벽 텔레비전에서 안전 캠페인 영상을 틀고 있었다. '졸음운전은 살인운전.' 옆자리 기사가 툭 던지듯 말했다.
"형님, 회사에서는 시간 맞추라 하고, 국가는 쉬어가라 하네요. 누구 말을 들어야 합니까?"
나는 잠시 웃었다. "둘 다 듣지. 시간을 맞추려면 살아 있어야 하니까."
웃음이 돌았다. 해학은 막다른 논리의 비상구였다.

나는 늘 균형을 생각한다. 개인의 책임과 구조의 책임 사이. 출발 전 잠을 더 자는 습관, 운행 중 수분과 간단한 스트레칭, 망설임 없이 쉼터로 들어가는 용기. 이것이 개인의 몫이라면, 무리한 납품 시간표와 과도한 페널티, 휴식 시간에 인색한 계약 관행을 고치는 건 구조의 몫일 것이다. 어느 한쪽만 바뀌면 도로는 여전히 비틀린다. 바퀴의 얼라인먼트처럼, 둘 다 맞춰야 똑바로 간다.

해질녘, 다시 졸음쉼터 간판이 스친다. 이번에는 스쳐 지나가며 손가락으로 가볍게 인사하듯 핸들을 두드렸다. 그 작은 섬이 오늘도 몇 사람의 생을 다음 페이지로 넘겨줄 거라고 믿었다.

나는 스스로에게 속삭인다.
"쉬어감은 포기가 아니라 생존의 기술이다. 멈춤을 배운 운전자만이 내일을 도착지로 만든다."

가로등이 하나둘 켜지고, 길은 다시 길어졌다. 그러나 내 마음의 계기판에는 여전히, 반짝이는 초록 불 하나가 켜져 있었다. 휴식 가능. 그 불빛이 꺼지지 않는 한, 나는 오늘도 안전하게, 그리고 천천히 살아갈 것이다.

도심 배송의 낮은 계단

  도심 한가운데, 오래된 붉은 벽돌 건물 앞에 트럭을 붙였다. 평일 오후 두 시, 차도와 인도 사이 경계는 늘 애매했다. 바퀴가 턱을 살짝 넘어설 때마다 트럭 전체가 어깨를 으쓱였다. '주차 단속'이라 적힌 푯말이 바람에 흔들렸고, 건물 관리인은 경계 섞인 눈으로 나를 한 번 훑었다. "잠깐만요, 기사님. 길 막지만 마시고."
"네, 20분이면 끝냅니다."
그 말은 늘 하는 약속이지만, 지켜지지 못할 때가 많다. 엘리베이터 없는 건물이란 말 하나면, 시간은 종이컵처럼 구겨졌다.

오늘의 화물은 생수 두 박스, 라면 6묶음, 휴지 5팩, 김치 단지 두 개, 그리고 비밀처럼 무거운 '생활의 한숨'이 추가로 실려 있었다. 트롤리에 물건을 얹어 건물 안으로 들어서자, 계단참에서 오래된 양파 냄새와 고등어 구이 냄새가 뒤섞여 코끝에 와 박혔다. 바닥 타일은 반쯤 깨져 있었고, 난간 페인트는 여러 계절을 버티다 비늘처럼 벗겨졌다. 5층까지 직진+상승 버튼은 오직 내 두 다리뿐이었다.

1층 우편함 옆에서 초등학생 아이가 나를 빤히 쳐다봤다.
"아저씨, 힘들죠?"
"응, 근데 웃으면 덜 힘들어."
아이도 따라 웃었다. 그 작은 미소 하나가 트롤리 손잡이를 덜 미끄럽게 만들었다.

2층, 현관문 틈으로 라디오 진행자의 웃음이 흘렀다. "사연 소개합니다. 오늘도 일하느라 고생 많으셨죠." 문 안쪽에서 "아이고, 그럼요" 하는 할머니의 대답이 겹쳤다. 2층은 아직 평화였다.

3층 계단참에서 첫 번째 숨이 헉 하고 막혔다. 생수 박스 아래쪽 골판지가 습기에 약해져 손끝으로 눅눅함이 전해졌다. 라면 묶음의 비닐은 날카로운 모서리로 손가락을 콕 찔렀다. 비닐을 끌어안고 계단을 오르는 일은, 결국 '삶의 모서리를 매만지는 일'이라는 생각이 들었다.

4층에서 만난 아주머니는 빈 병 봉투를 들고 서 있었다. "아이고, 기사님. 미안하지만 여기 좀 놔두면 안 될까요? 내일 수거가 와야 하는데." 웃으며 고개를 끄덕였지만, 속으로는 '내일의 무게가 오늘의 통로를 막는다'는 말을 적어두었다. 길은 늘 막힘에서 시작한다.

5층. 김치 단지를 조심스레 내려놓자, 문을 연 노인은 허리를 곧추세우며 말했다. "젊은 사람, 수고했소. 이거 수제 김치요. 맛이라도 보시오." 김치는 아직 겨울의 산뜻한 칼집이 살아 있었고, 유리병은 햇빛을 받아 사금파리처럼 반짝였다. "배송비 못 보태주는 게 늘 미안했소." 그 말에 나는 손사래를 쳤다. 사과 대신 반찬을 내미는 서민의 예의는 언제나 과했지만, 그래서 더 살았다.

놓을 것 다 놓고 내려오는데, 3층 복도 끝에서 "조심해요!" 하는 외마디가 터졌다. 반대편 배송원이 비좁은 복도를 성큼성큼 오르고 있었다. 어깨가 스쳤다. 서로 "죄송요"가 동시에 튀어나왔고, 둘 다 쓴웃음을 지었다. 경쟁은 좁은 계단에서 가장 선명해진다. 같은 물건, 같은 시간, 같은 땀. 그런데도 서류상 우리는 서로 다른 '업체'다. 도시의 계단은 노동을 세로로 쪼갠다.

1층으로 내려오자 관리인이 다시 눈으로 시간을 재고 있었다. "20분 넘으셨네요."
"네, 계단이 길어서요."
그는 어깨를 으쓱했다. "요즘 민원 심해요. 차 빼주세요."
말은 맞았지만, 맞다는 말이 언제나 옳은 건 아니다. 열쇠를 돌리며 백미러로 바라본 골목엔, 휠체어가 경사로를 느리게 오르고 있었다. 고개를 숙여 수레 앞을 밀어주던 젊은 남자의 등에는 땀꽃이 번졌다. 이 도시의 경사도는 누구의 계산으로 정해졌을까. 체력보다 먼저, 마음이 가팔랐다.

다음 배송지는 엘리베이터 있는 신축 오피스텔이었다. 차에서 내리자 로비 향이 진하게 풍겼다. 방금 청소한 대리석 바닥 위로 카트 바퀴가 매끈하게 구르며 은은한 선을 그렸다. 인터폰이 정중하게 물었다. "몇 호실이십니까?" 문은 자동으로 열렸다. 이곳의 시간은 윤활유를 먹었다. 땀도 미끄러졌다. 나는 그 차이를 부러워하기보다 기록하기로 했다. 계단의 일과, 엘리베이터의 일은 평등하지 않았다. 그러나 평등하지 않은 두 시간이 만나, 같은 도시의 물주머니를 채운다.

잠깐 운행을 털고 장심리 청람루로 향했다. 마당에 발을 들이는 순간, 허벅지 근육에서 배어 나오던 묵직한 통증이 슬며시 내려앉았다. 강아지는 내 발목을 둥글게 맴돌았고, 닭들은 새 모이를 반짝이는 눈으로 쪼았다. 나는 바가지로 물을 떠 대숲에 끼얹었다. 초록 잎을 타고 흐르는 물길은 악보처럼 또랑또랑했다. 도시는 계단을 올리며 숨을 깎아 먹지만, 이곳은 바람을 내리며 숨을 돌려준다. 마룻바닥에 앉아 무릎 위에 공책을 펴고, 방금의 계단을 그려보기 시작했다. 모서리, 꺾임, 낮은 천장, 성긴 형광등, 오래된 인터폰의 소리—계단은 작고 낡은 것들의 합주였다.

해가 기울자 다시 도심으로 들어섰다. 마지막 배송지는 반지하였다. 창문턱에 화분이 하나 놓여 있었고, 표정 없는 실내등이 낮을 붙잡고 있었다. 종이컵에 포개진 수저, 싱크대 옆에 세워둔 빗자루, 벽에 걸린 달력엔 빨간 약속이 아직 없었다. 문을 연 청년은 연필 뒤로 귀를 긁적이며 말했다. "죄송한데… 현금이 조금 모자라서요. 이거 쿠폰…."
"괜찮아요. 다음에 만나요."
그가 고개를 깊게 숙였다. 기간제 계약서가 획— 눈앞을 스친다. 돈이 잘 모이지 않는 자리엔 늘 계단이 있다. 반지하는 빛이 내려가는 만큼, 월세가 내려간 자리였다.

차로 돌아오는 길, 계단 아래에서 마주친 할머니가 내 팔을 붙잡았다. "아까 생수 들고 가는 거 봤어. 고맙네. 난 내일 사위가 와요."
"축하드립니다."
"축하까진요. 그냥 와주면 고맙지."
그 말이 오늘의 클라이맥스였다. 거창한 말 대신, 와주는 일. 계단을 오르는 일도, 사람을 찾아오는 일도, 결국 '누군가에게 가닿는 일'이기 때문이었다.

야간 조명이 켜진 거리로 트럭이 미끄러졌다. 차창을 조금 열자 피자 굽는 냄새와 세탁소의 습한 공기가 섞였다. 라디오에선 도시락 광고가 흘렀다. "층층이 쌓은 정성." 나는 웃음이 났다. 도시락도, 도시도, 삶도 층층이 쌓여 있었다. 올라가며 견디고, 내려오며 나눈다. 계단은 우리를 숨차게 하지만, 그 숨이 모여 도시가 호흡한다.

휴게소에 들러 국밥을 받아들고 숟가락을 들었다. 옆자리 배달 라이더가 말없이 핸드폰을 내려놓았다. 서로 눈인사. 그는 종이컵에 물을 붓고, 나는 후추를 톡톡 쳤다. 한 끼의 온기 앞에서, '업체'와 '계약'과 '정규직/비정규'의 라벨이 흐릿해졌다. 밥은 고용형태를 묻지 않는다. 우리는 밥 한 그릇으로 합의했고, 국물 한 숟갈로 파업했다. 잠깐의 파업, 고단함에 맞서는 가장 인간적인 중단.

다시 시동. 계기판 불빛 아래 장갑을 끼우며 스스로에게 말했다.
"계단은 나를 시험하지만, 나는 계단마다 한 사람을 배운다."
그리고 다음 주소가 화면에 떴다. 또 다른 계단, 또 다른 숨, 또 다른 만남이 기다리고 있었다. 길은 여전히 위로도, 아래로도 이어져 있었다.

고향 장터의 낮과 밤

 해가 산등성 위로 막 떠오를 무렵, 오일장 골목은 이미 뜨거웠다. 아직 이슬이 마르지 않은 천막 위로 햇살이 번졌고, 파란 방수포가 펄럭이며 하루치 생계를 펼쳐 보였다. 트럭을 장터 입구에 대자마자, 상인들이 기다렸다는 듯 손을 흔들있다.

"기사 양반, 새우젓 두 단지 여기!"
"참기름은 조심해서, 눕히면 안 돼!"
저울추가 달랑거리며 흔들렸다. 나무저울의 바늘이 정직하게 "더"를 가리킬 때마다, 누군가는 흥정의 포문을 열었다.
"아주머니, 작년에 이거 만 원이었잖아요."
"작년은 작년이고, 올핸 올해요. 내 마음 같아선 공짜로 드리고 싶지."
"그럼 공짜로 주시고 마음값만 받읍시다."
장터가 잠깐 웃음에 흔들렸다. 웃음은 장바구니보다 가벼웠지만, 한끼의 허기를 잊게 하는 데는 특효였다.

새벽 생선 좌판 앞에서는 은빛 갈치가 번쩍였고, 곶감 줄은 귤빛 해를 매달아 놓은 듯 주황빛으로 주르륵 달렸다. 옆 좌판에서는 손수 만든 칼국수 반죽을 늘이고 있었는데, 아주머니가 내 팔뚝을 툭 치며 말했다.
"기사님, 칼국수 한 그릇 하고 가. 길 멀지?"
"멀긴 한데, 장은 더 멀군요."
"에고, 멀기는. 우리 인생이 멀지."
그 말에 국물처럼 진한 무게가 실려 있었다.

장터는 숫자로 움직이지만, 표정으로 거래가 끝난다. 계절값을 모르는 카드 단말기는 파래 냄새도, 볕에 그을린 손등의 세월도 모른다. 대신 장터 사람들은 서로의 얼굴을 봐서 한 움큼 더 얹고, 사정 봐서 천 원을 덜 받는다. 나는 이런 장면을 볼 때마다 배운다. 경제가 숫자로 시작해도, 민생은 눈빛으로 마무리된다는 것을.

점심 무렵, 트럭 적재함은 절반쯤 비어 있었다. 시장 통로 한편에서 풍물패가 북을 울렸다. "자, 장구 놉니다!" 아이들이 깡충깡충 뛰었고, 어르신들은 허리에 손을 얹고 장단을 맞췄다. 그 옆에서는 청년 장사가 확성기로 외쳤다. "국산 콩! GMO 이런 거 없습니다!" 뒤에서 할머니가 중얼거렸다. "그게 뭔지 몰라도, 내한테는 맛만 있으면 되지." 모두가 피식 했다. 유행어와 생존어가 장터에서 자연스럽게 섞였다.
 골목 끝 순대국집에 잠깐 앉았다. 국물 위에 파가 송송, 들깻가루를 살짝 얹자 장터 냄새가 그릇에 모였다. 옆자리 노인이 말했다.
"요새는 장날 와도 손님이 줄었어. 다 큰 마트로 가재. 그래도 오일장은 사람 구경 오는 맛이 있지."
나는 고개를 끄덕였다. 대형의 효율과 소형의 온기는 늘 어긋난다. 효율은 장바구니를 채우지만, 온기는 마음을 채운다.
한창 무게를 나누던 손목이 욱신거려, 오후가 깔리는 시간에 잠시 장심리 청람루로 들렀다. 마당 문을 여니 강아지가 "왔냐"는 표정으로 꼬리를 원으로 그렸다. 닭장 문을 열어 모이를 뿌리니, 부리들이 쌀알을 두드리는 소리가 맑았다. 우물에서 물 한 바가지를 떠서 목을 축였다. 대숲 사이로 바람이 지날 때마다 잎의 뒷면이 햇빛을 뒤집어 보여주었다. 나는 마루에 앉아 짧은 글을 적었다. 장터에서 가격은 깎아도, 사람의 체면은 깎지 않는다. 부엌에서 막 지진 부침개 한 장을 돌돌 말아 간장에 찍어 먹었다. 입안에 퍼지는 파향과 참기름 향이 장터의 소란을 잠시 씻어냈다. 여백은 돈이 아니라 숨이라는 것을, 이 집은 매번 가르쳐준다.

해가 기울자 다시 장터로 돌아왔다. 낮의 장터가 생계의 얼굴이라면, 밤의 장터는 사연의 얼굴이다. LED 전구가 줄줄이 켜지고, 포장마차에서는 탁주와 어묵 국물이 사람들을 앉힌다. 버스킹 청년이 통기타로 '이등병의 편지'를 부르자, 누구의 눈가가 금세 촉촉해졌다.
"우리 아들 군대 갔지요?" 포장마차 주인이 묻자, 손님이 웃었다. "예, 저도 갔다 왔어요." 그 말에 모두가 같이 웃었다. 세대의 골목이 한 그릇 국물로 좁아졌다.

라면박스를 받아든 중년 남자가 카드를 긁다가 고개를 떨구었다. "한도초과래요." 잠깐의 정적 뒤에, 상인은 카드를 받으며 말했다. "자주 오시잖아요. 다음 장날에 주세요." 말은 쿨했지만, 눈빛은 뜨거웠다. 구도심 장터가 멱살 잡히듯 겨우 버티는 시대에, 신용이란 글자는 계약서보다 사람 사이에 먼저 적힌다.
 내가 마지막 몇 상자를 내리고 있는데, 허리 굽은 할머니가 작은 손수레를 끌고 장터 끝에서 발을 동동 굴렀다.
"아이고, 이쯤에서 넘어가면 집까지 평지인데…."
장판처럼 갈라진 아스팔트의 턱이 수레 바퀴를 잡아당겼다. 나는 달려가 수레 앞을 들어 올렸다.

"어디까지 가세요, 모시고 갈게요."
"됐어, 됐어. 내 다리 아직 살아." 하지만 손은 자연스레 수레 손잡이를 내게 넘겼다. 골목을 빠져나가며 그가 말했다. "옛날엔 장이 동네 잔치였지. 요새는 사람들 눈이 바빠. 그래도 고마운 손이 있네."
나는 웃었다. 바쁜 눈 사이를, 고마운 손이 잇는다. 장터는 여전히 잔치였다. 잔치가 사라진 게 아니라, 잔치의 크기가 작아졌을 뿐.

밤공기가 차가워지는 시간, 상인들은 각자의 하루를 접었다. 받침목을 빼고, 방수포를 말아 올리고, 남은 채소를 박스에 다시 담았다. 귀퉁이에서 점퍼를 뒤집어쓴 소년이 동전통을 흔들었다. 오늘 번 돈을 세는 대신, 오늘 받은 "수고했어요"를 세고 있는 표정이었다. 나는 트럭에 올라 시동을 걸기 전, 장터 한복판을 한 번 더 바라보았다. 낮과 밤이 하루 안에서 교대근무를 마친 풍경. 살림과 사연, 흥정과 합장이 한자리에 있었다.

도시의 네온사인과 달리, 장터의 불빛은 인간의 얼굴을 환하게 비춘다. 돌아오는 길에 라디오에서 뉴스가 흘렀다. "민생을 최우선으로—" 볼륨을 줄이고, 나는 장터에서 들은 말을 다시 떠올렸다. "다음 장날에 주세요." 그 한마디가 민생의 사전에서 얼마나 두꺼운 장(章)인지, 길 위 사람들은 안다.
 트럭의 앞유리에 고향 별빛이 맺혔다. 길은 어둠 속에서 또렷해졌고, 바퀴는 한때 내렸던 흥정의 목소리를 태워 천천히 멀어졌다. 나는 스스로에게 조용히 말했다.
"장터는 물건을 파는 곳이 아니라, 사람을 잇는 다리다. 다리가 있는 한, 길은 끊기지 않는다."

그리고 다음 장날을 적어둔 내 수첩의 페이지가, 바람 넘기듯 사각— 소리를 냈다.

폭설의 밤, 고립된 도로

　라디오에서 눈발 소식을 전하던 그날 밤, 고속도로 위는 이미 백지였다. 하늘과 땅의 경계가 사라지고, 가로등 불빛조차 흩날리는 눈송이에 삼켜졌다. 와이퍼는 온몸을 흔들며 앞유리를 긁어냈지만, 다시 내려앉는 눈이 더 빨랐다. 바퀴가 아스팔트를 미끄러지듯 타고, 차체는 눈더미에 끼워진 장난감처럼 떨렸다.

　속도를 줄이고 비상등을 켠 채 천천히 나아갔다. 앞차가 보이지 않아 간격조차 가늠할 수 없었다. 순간, 옆 차선에서 불빛이 심하게 흔들리더니 SUV 한 대가 눈더미에 비스듬히 처박혔다. 나는 급히 브레이크를 밟았다. 차체가 스르르 옆으로 미끄러졌다. 심장이 목울대를 치며 올라왔다. 이대로 멈추면 내 뒤에 오는 차가 또 들이받을지도 모른다.

　도로 위에 멈춰 선 차량들이 하나둘 늘어났다. 마치 거대한 수레바퀴가 멈춘 듯, 고속도로는 갑자기 무음의 정적에 잠겼다. 그러나 그 정적은 곧 차문 열리는 소리, "괜찮으세요?" 하는 외침, 삽질하는 소리로 채워졌다. 기사들은 각자 차에서 내려 작은 삽을 꺼내 눈을 퍼내기 시작했다. 누군가는 모래주머니를 깔고, 누군가는 밀어 올렸다. 낯선 이들이었지만, 그 순간 우리는 한 팀이었다.

나는 비상용 체인을 꺼내려 했지만 손이 얼어붙어 잘 움직이지 않았다. 옆에 있던 젊은 기사가 "제가 도와드릴게요" 하며 내 손에서 체인을 빼앗아 갔다. 그는 금세 바퀴에 체인을 걸며 말했다. "형님, 이런 건 빨리 해야 합니다." 그의 목소리에 따뜻함이 묻어 있었다. 눈보라는 우리를 고립시켰지만, 고립은 곧 연대를 만들었다.

시간은 더디게 흘렀다. 차 안의 히터를 켰지만, 뿌옇게 서린 유리창은 금세 차가워졌다. 무전기로 상황을 주고받던 동료 기사가 농담을 던졌다.
"형님, 이거 설국열차 아닙니까? 우리도 다음 칸으로 넘어가야 합니까?"
모두가 웃음을 터뜨렸다. 웃음은 눈보다 따뜻했고, 얼어붙은 공기를 잠시 녹였다.

한참 뒤, 제설차가 도착했다. 노란 불빛을 달고 천천히 밀고 나아가는 모습은 마치 도로 위의 등불 같았다. 우리는 박수 치듯 경적을 울렸다. 눈더미 속에서도 도로는 다시 열렸다. 그러나 나는 생각했다. 제설차가 길을 뚫은 게 아니라, 함께 삽을 든 손들이 이미 길을 열고 있었다는 것을.

며칠 뒤, 청람루 마당에도 눈이 수북이 쌓였다. 강아지는 눈 위에 발자국을 찍으며 장난을 쳤고, 닭들은 발이 시린지 닭장 한구석에 모여 웅크렸다. 나는 삽으로 눈을 퍼내며, 고립된 도로 위에서 만난 얼굴들을 떠올렸다. 눈은 길을 막지만, 사람의 손은 길을 잇는다. 청람루의 고요 속에서도 그 진실은 여전히 빛났다.

밤이 깊자, 다시 트럭에 올라 길을 나섰다. 라디오에서는 날씨가 맑아졌다고 했지만, 창밖에는 아직도 소복이 쌓인 눈이 반사되어 은빛으로 빛났다. 도로는 아직 완전히 마른 게 아니었지만, 바퀴는 천천히 앞으로 나아갔다.

휴게소에서 국밥을 먹으며 동료와 마주 앉았다. 그는 말했다.
"형님, 어제는 죽는 줄 알았습니다. 근데 다 같이 삽질하니까 살더라고요."
나는 웃으며 대답했다. "삽질도 혼자 하면 고생이지만, 여럿이 하면 길이 됩니다."

나는 오늘도 다짐한다.
"폭설은 길을 막지만, 사람은 길을 열어낸다. 고립의 밤은 결국 연대의 새벽으로 이어진다."

트럭의 바퀴는 다시 굴러갔고, 폭설의 밤에 남은 발자국들은 희미했지만 길을 분명히 보여주고 있었다.

빈차로 돌아오는 길

짐을 모두 내리고 돌아서는 길은 늘 묘하다. 적재함은 텅 비었지만, 몸과 마음은 오히려 더 무겁다. 왕복 삼백 킬로미터를 달려 남긴 건, 고속도로 톨게이트에서 찍힌 영수증 한 장과 허리에 스며든 묵직한 통증뿐이다. 그러나 가장 무거운 건, 빈차로 돌아온다는 사실이 주는 공허함이었다.

빈 적재함은 도로 위에서 특유의 소음을 낸다. 짐이 없으니 차체가 가볍게 떠서 덜컹거렸고, 울림은 배로 커졌다. 작은 요철에도 차는 '텅텅' 하고 비어 있는 배 속을 드러냈다. 나는 백미러를 보며 혼잣말했다. "오늘도 결국, 내일을 벌러 간 거지."

도로 옆 전광판에는 "졸음운전 주의"라는 문구가 빛났다. 빈차의 흔들림은 졸음을 더 쉽게 불렀다. 커피를 벌컥 마셨지만, 속은 더 허해졌다. 사람도 차도, 가득 찰 때는 무거워도 단단한데, 비면 허약하다. 빈차로 돌아오는 길은 내 삶의 단면 같았다. 열심히 나르고 나서도, 결국 남는 건 허전함이라는 것.

한참을 달리다 휴게소에 들어섰다. 동료 기사 몇 명이 이미 모여 있었다. 그들은 내게 농담을 던졌다.
"오늘도 빈차 귀가냐?"
"그래, 빈차는 바람 잘 통하니까 오래 간다."
웃음이 터졌다. 해학은 허전함을 가장 빠르게 메우는 도구였다. 그러나 웃음 뒤엔 알았다. 모두 같은 마음이라는 걸. 빈차로 돌아가는 기사들의 가슴도, 사실은 무겁다는 걸.

잠시 앉아 국밥을 먹었다. 뜨거운 국물이 식도에 닿자, 공허함이 조금은 메워졌다. 옆자리 기사가 중얼거렸다.
"형님, 빈차로 돌아갈 때마다 생각합니다. 우리는 사람 짐을 싣고 사는 건지, 짐 싣고 사람을 사는 건지."
나는 국물을 떠먹으며 고개를 끄덕였다. 명쾌한 답은 없었다. 하지만 질문만으로도 서로 위로가 되었다.

청람루로 돌아온 날 저녁, 마당은 고요했다. 강아지는 적재함처럼 빈 그릇 앞에 앉아 꼬리를 흔들었다. 닭들은 횃대 위에서 졸고 있었다. 나는 마루에 앉아 공책을 펼쳐 적었다. 빈 적재함도 결국 무게를 싣는다. 그 무게는 허전함의 무게다. 바람이 대숲을 흔들며 지나갔다. 바람 소리는 텅 빈 차체의 울림과 닮아 있었다. 그러나 그 울림은 공허만이 아니었다. 여백이기도 했다. 여백은 슬픔이 아니라, 다음을 위한 자리라는 걸 청람루는 가르쳐주었다.

다시 길에 오르며, 빈차가 주는 생각들을 곱씹었다. 우리는 늘 무언가를 싣고, 내리고, 또 빈 채로 돌아온다. 그 반복이 삶의 허무처럼 보일 때도 있다. 하지만 빈차가 있어야 다시 싣고 나를 수 있듯, 허전함도 다음 채움을 가능하게 한다.

라디오에서는 진행자가 "오늘 하루 수고 많으셨습니다"라고 말했다. 나는 미소 지었다. 수고의 무게는 이미 내려놓았고, 이제 빈 무게로 내일을 준비하는 중이었다.

나는 오늘도 다짐한다.
"빈차로 돌아오는 길은 허무가 아니라, 다음 짐을 위한 자리다. 공허는 무게 없는 무게로, 우리를 다시 달리게 한다."

트럭의 바퀴는 다시 굴러갔고, 빈차의 울림은 고요히 도로를 채워 갔다.

청람루의 편지

사랑하는 벗에게.

오늘은 장심리 청람루에서 펜을 들어 편지를 씁니다. 며칠간 도로 위를 달리다 돌아오니, 대숲 사이 바람 소리가 마치 오래된 악보처럼 귓가에 스며듭니다. 강아지는 꼬리를 말아 잠들었고, 닭들은 모이를 쪼다 날개를 털며 저녁 하늘을 맞이합니다. 고단했던 도로의 소음이 이곳에선 빗소리처럼 희미해집니다. 그래서인지, 나는 이 고요를 세상에 띄워 보내고 싶습니다.

벗이여, 길 위의 삶은 늘 무게와 시간의 싸움입니다. 화물은 무게로 계산되지만, 그 무게를 옮기는 사람의 마음은 숫자로 환산되지 않습니다. 어떤 날은 도로 위에서 보복운전을 만나 분노에 치밀고, 어떤 날은 장례식장 새벽에 울음을 삼키며 운전대를 잡습니다. 그러나 또 어떤 날은 장터 아주머니의 농담에 한참을 웃고, 휴게소에서 국밥 한 그릇 나누며 위로를 얻습니다. 인생이란 참 묘합니다. 무겁고 가벼운 순간이 계단처럼 이어져 우리를 오르게 합니다.

트럭운전사 자연인 안최호 183

나는 트럭 안에서 세상의 풍경을 압축해 봅니다. 정치 뉴스가 라디오에서 흘러나올 때, 도로는 여전히 막히고 풀리기를 반복합니다. 경제 지표가 오르내려도, 소시민의 삶은 여전히 좁은 계단을 물건 들고 오르는 노동자의 숨결에 달려 있습니다. 예술과 문학은 고상해 보이지만, 그 본질은 장터의 흥정과 닮아 있습니다. 서로 흥정을 하며 조금씩 덜어주고, 조금씩 더 얹어주는 그 마음이야말로 예술의 원천이 아닐까요.

청람루에서 바라보는 산은 말이 없습니다. 그러나 그 침묵이 오히려 크고 깊은 대답이 됩니다. 나는 여기서 배웁니다. 멈춤이 곧 힘이라는 것을. 도로 위에서 브레이크를 밟는 순간이 생명을 지키듯, 인생에서도 잠시 멈추는 시간이 삶을 이어 줍니다. 벗이여, 너무 조급해하지 마십시오. 길은 도망가지 않습니다.

빈차로 돌아오던 그날, 나는 큰 허전함을 느꼈습니다. 그러나 곧 깨달았습니다. 빈차는 다시 채우기 위해 비워둔 자리라는 것을. 우리 삶도 그러합니다. 공허는 허무가 아니라, 다음 희망을 담을 여백입니다. 그 여백이 있기에 우리는 다시 출발할 수 있습니다.

벗이여, 세상은 여전히 극단으로 흔들립니다. 그러나 나는 믿습니다. 극우도 극좌도 아닌, 균형 잡힌 길만이 사람을 살린다고. 바퀴가 기울면 차량이 전복되듯, 사회도 균형을 잃으면 무너집니다. 우리가 지켜야 할 것은 한쪽 끝의 외침이 아니라, 서로를 살리는 중심의 목소리입니다.

오늘 밤, 청람루 마당에 앉아 별빛을 바라봅니다. 저 별빛은 오래 전 죽은 별의 빛이라 하지요. 그러나 여전히 오늘 우리의 눈을 밝힙니다. 죽음이 남긴 빛이 삶을 비춘다는 이 역설 속에서, 나는 길 위 노동자의 의미를 다시 떠올립니다. 쓰러져도, 남겨진 손길이 길을 밝힌다는 사실을.

마지막으로 이 한 줄을 벗에게 건넵니다.
"길은 늘 앞에 있지만, 그 길을 어떻게 걷느냐가 곧 사람의 얼굴이다."

부디 오늘 밤, 벗의 창에도 별빛 한 점이 머물기를.
청람루에서, 안부를 전하며.

밤길에 스친 야생동물의 그림자

한여름의 뜨거움이 식어가던 밤, 지방 국도를 달리던 도중이었다. 도로 위로 불쑥 그림자가 튀어나왔다. 눈부신 헤드라이트 속에서 작은 몸뚱이가 순간 얼어붙었다. 브레이크를 밟았지만 늦었다. 퍽 하고 둔탁한 소리가 차체 아래를 스쳤다. 핸들이 무겁게 떨리며 심장이 쿵 내려앉았다. 차를 세우고 내려다보니, 이미 작은 고라니 한 마리가 길가에 쓰러져 있었다.

숨은 빠르게 가빴다가 이내 가늘어졌다. 눈동자는 아직 하늘을 향하고 있었다. 나는 순간 어쩔 줄 몰랐다. 짐은 무사히 나르고 있으면서, 생명 하나를 지켜내지 못하다니. 그 자리에 서서 바람만 삼켰다. 지나던 차량 몇 대가 속도를 늦추며 나를 흘긋 보고 지나갔다. 도로 위에서 야생의 죽음은 누구에게도 오래 머물지 못하는 풍경이었다.

차로 돌아와 출발하려 했으나 마음이 가시지 않았다. 엔진음이 묵직하게 울리며 가슴 속 죄책감을 흔들었다. "사람도 살기 힘든데, 짐승까지 챙길 수 있겠냐"는 냉정한 속삭임이 귓가에 맴돌았다. 그러나 동시에 들려왔다.

"사람이 도로를 만들었으니, 길 위의 죽음은 결국 사람의 몫이다."

며칠 뒤, 장심리 청람루에서 다시 그 장면이 떠올랐다. 마당을 뛰어다니는 강아지는 꼬리를 흔들며 내 발에 얼굴을 비볐다. 닭들은 종종걸음으로 모이를 쪼았다. 이 작은 생명들이 내 곁에서 숨 쉬고 있다는 사실이 얼마나 큰 위로인지. 나는 공책에 적었다. 야생의 죽음은 우리 일상의 거울이다. 대숲 사이로 바람이 스치며, 잎사귀가 서로 부딪히는 소리가 마치 고라니의 마지막 숨 같았다. 여백의 고요는 그날의 충격을 천천히 풀어주었다.

다시 길에 오르자, 도로 표지판 곳곳에 '야생동물 주의'가 붙어 있었다. 그러나 그 문구는 현실에서 늘 늦다. 고속도로 방음벽은 동물의 길을 끊어놓았고, 도심의 불빛은 새들의 길을 흔들어 놓았다. 인간의 편리를 위한 선들이 결국 수많은 생명의 끝자락을 잘라낸 것이다. 나는 생각했다. 우리가 편히 달리는 길 위에 얼마나 많은 그림자가 스러져갔을까.

휴게소에서 동료 기사가 국밥을 푸며 말했다.
"어젯밤에 노루를 쳤습니다. 보험처리 해야겠지요. 근데 마음이 무겁네요."
나는 고개를 끄덕였다. "보험은 차를 살리지만, 생명은 살리지 못합니다."
순간, 주변이 조용해졌다. 모두가 알고 있었지만, 쉽게 말하지 못하는 진실이었다.

도로 위에서 동물은 피해자가 되고, 사람은 가해자이자 목격자가 된다. 그러나 사회는 이 죽음을 '사고'라 말할 뿐, 책임의 이름을 묻지 않는다. 나는 분노와 슬픔이 동시에 치밀었다. 우리가 만든 도로가 우리 양심의 시험대가 된다는 사실을 왜 잊을까.

그날 밤, 다시 트럭에 오르며 나는 조심스레 핸들을 잡았다. 전조등 불빛

속 어둠은 여전히 깊었다. 그러나 어둠 속에서도 희미하게 반짝이는 작은 눈빛들이 있었다. 그것은 숲과 들판에서 살아남은 생명들의 신호였다.

나는 오늘도 다짐한다.
"길 위의 그림자는 단순한 흔적이 아니라, 우리가 책임져야 할 생명의 언어다. 사람의 길은 반드시 자연의 길과 함께 가야 한다."

트럭의 바퀴는 다시 굴러갔고, 사라진 그림자는 내 마음 속에서 여전히 살아 울리고 있었다.

난초꽃 피운 짐꾼의 손

공장 앞마당에서 짐을 내리던 날이었다. 파레트 위의 박스들을 하나씩 내리고, 바닥에 흩어진 포장지를 모으던 내 눈에 낯선 녹색이 들어왔다. 콘크리트 구석, 먼지와 폐비닐 사이에 작은 화분이 버려져 있었다. 흙은 말라 비틀어져 갈라져 있었고, 잎은 반쯤 누렇게 죽어 있었다. 가까이 다가가 보니, 그것은 난초 한 촉이었다. 누군가 한때는 정성껏 키웠을 그 식물이, 이제는 버려진 채 공장 폐기물처럼 구석에 처박혀 있었다.

나는 그 화분을 조심스레 들어 트럭 적재함에 올려놓았다. 동료 기사가 눈을 크게 뜨고 물었다.
"형님, 그거 왜 챙겨요? 죽은 거 같은데."
"죽은 게 아니라, 살려달라는 거지."
내 말에 그는 웃고 말았지만, 내 마음에는 묵직한 책임이 생겼다.

청람루로 돌아와 마당 구석에 화분을 두었다. 굳어버린 흙을 살살 부수고, 새 흙을 더해주었다. 강아지가 옆에서 킁킁대며 냄새를 맡았고, 닭들은 호기심 가득한 눈으로 주위를 맴돌았다. 매일 아침 대숲 바람이 스칠 때마다 물을 조금씩 주고, 햇살이 너무 뜨겁지 않도록 자리를 옮겨주었다. 잎 끝이 서서히 푸른 기운을 되찾을 때, 나는 눈앞의 기적이란 이런 것이라는 걸 깨달았다.

시간은 느리게 흘렀다. 도로 위에서 화물을 나르던 날들 사이사이, 집에 돌아오면 화분을 들여다보는 일이 내 일과가 되었다. 바퀴 소음이 귀에 맴도는 고단한 밤에도, 화분에서 풍기는 흙내음은 마음을 씻어냈다. 작은 싹이 새로 돋아날 때마다, 그것은 도로에서 받은 욕설과 고단함을 달래는 약이었다.

마침내, 어느 봄날. 난초의 꽃봉오리가 맺히더니 서서히 열리기 시작했다. 연한 분홍빛이 은은하게 번지며 꽃잎이 활짝 피어났다. 나는 마루 끝에 앉아 그 모습을 오래 바라보았다. 강아지가 내 무릎에 얼굴을 비비며 함께 바라보고, 닭들도 고개를 갸웃거렸다. 난초 한 송이가 방안 가득 향기를 채우자, 나는 눈을 감았다. 버려진 생명도 다시 꽃을 피울 수 있구나.

휴게소에서 동료 기사에게 사진을 보여주었다.
"이거, 그때 버려진 난초 말입니다. 이제 이렇게 피었습니다."
그는 놀란 눈으로 말했다.
"형님 손은 짐만 나르는 게 아니라, 생명도 살리네요."
나는 웃으며 대답했다. "짐은 무게를 옮기지만, 생명은 마음을 옮깁니다."

도로 위에서 무심코 지나친 것들, 버려진 것들이 사실은 다시 살아날 수 있다는 사실. 그것이야말로 내가 배운 희망이었다.

나는 오늘도 다짐한다.

"버려진 난초도 다시 꽃을 피운다. 사람의 삶도, 무너진 희망도 정성의 손길을 만나면 언제든 다시 피어난다."

트럭의 바퀴는 여전히 무겁게 굴러가고 있었지만, 내 마음속엔 난초 향기가 조용히 피어 있었다.

흙더미로 막힌 길, 외길의 진실

청람루로 오르는 외길은 언제나 고요했다. 봄이면 진달래가 붉게 터지고, 여름이면 대숲이 시원한 그늘을 드리웠다. 그러나 어느 날부터, 그 길은 더 이상 길이 아니었다. 동네 입구 두 집이 농토 경계를 두고 다투더니, 결국 한 집이 흙을 실은 트럭을 불러와 외길 한복판에 쏟아부었다. 한순간에 자동차 길은 끊겼고, 남은 건 흙더미와 막막함뿐이었다.

처음엔 농담 같았다. '설마 저 흙을 치우지 않고 두겠어?' 하지만 하루가 지나고, 이틀이 지나도 흙더미는 그대로였다. 마을 사람들은 서로 눈치만 보고, 누구 하나 나서지 않았다. 나는 그 길을 걸어 짐을 옮기기 시작했다. 쌀자루며 박스며, 트럭으로는 몇 분이면 될 거리를, 한 달 동안 어깨에 이고 지고 옮겨야 했다. 발바닥은 갈라지고, 허리는 시큰거렸다.
 더 기가 막힌 건 기관청에 민원을 넣었을 때였다. 담당자는 "사유지 분쟁이라 행정에서 강제 집행하기 어렵습니다"라는 말만 되풀이했다. 공권력은 어디에 있는가. 술 취한 행인은 잡아가면서, 길을 막아 마을 전체를 불편하게 한 일에는 손을 놓고 있었다. 나는 그 무력한 답변 속에서, 법과 제도가 얼마나 서민의 삶에서 멀리 서 있는지 절감했다. 길을 막은 건 흙더미였지만, 진짜 벽은 제도와 권력이었다.

한 달 동안 나는 걸어서 짐을 날랐다. 비가 오면 진흙탕을 헤치고, 눈이 오면 얼어붙은 흙더미 위로 조심스레 발을 옮겨야 했다. 강아지는 뒤따라 오다가 발이 빠져 낑낑거렸고, 닭장에 줄 모이를 옮기는 길에도 땀이 비 오듯 쏟아졌다. 그러나 신기한 건, 이 고생 속에서 오히려 글이 샘솟았다는 사실이다. 마루에 앉아 노트를 펼치면, 흙더미는 단순한 장애물이 아니라 인간의 이기심과 제도의 부재를 상징하는 거대한 풍자로 다가왔다.
 청람루의 여백 속에서 나는 깨달았다. 자연은 늘 길을 내는데, 사람은 스스로 길을 막는다. 대숲 바람은 어디든 흘러가지만, 인간의 욕심은 스스로를 가둔다. 흙더미를 쌓아 올린 사람은 남의 통행을 막았지만, 사실은 자기 마음의 길을 막은 셈이었다.

결국, 마을 원로 몇 분이 나서서 중재하며 흙더미는 치워졌다. 그러나 그 한 달은 길보다 더 긴 교훈을 남겼다. 나는 여전히 그 길을 오르내리며 생각한다. 길은 땅에 있는 게 아니라, 사람의 마음에 있다는 것을.
 휴게소에서 동료 기사가 내 얘기를 듣고 고개를 절레절레 흔들었다.
"형님, 요즘 세상에 그럴 수도 있습니까?"
"있으니까 내가 걷고 다녔지."
웃음이 터졌지만, 웃음 뒤에는 쓸쓸함이 남았다.

나는 오늘도 다짐한다.
"길을 막는 건 흙더미가 아니라, 사람의 이기심이다. 공권력이 잠들면, 길은 사라지고 신뢰도 무너진다."
 트럭의 바퀴는 다시 길을 달렸고, 흙더미로 막힌 외길은 이제 풀려 있었지만, 마음속 질문은 여전히 풀리지 않은 채 남아 있었다.

제7 부

닭이 나무 위에서 잠들다
김장 담근 손, 나눈 마음
푸른 하늘 아래 낡은 의자
돌담 밑 웅덩이의 합창
창간호, 열 달의 산통 끝에 낳은 책
5천 원의 명품, 5만8천 원의 행복
밑창 없는 하루, 절뚝이며 웃다
청람우체통에 온 단 하나의 편지
폭설 아래서 웃은 철근
청람루의 작은 박물관

제7 부

닭이 나무 위에서 잠들다

청람루 마당에서 기이한 광경을 목격한 것은 초여름의 한밤이었다. 평소라면 닭들은 해가 지면 닭장 횃대 위에 차례차례 올라가 부리를 깃 속에 묻고 졸기 시작한다. 그러나 그날은 달빛이 유난히 밝았다. 강아지가 낯선 인기척에 연신 짖어대자 마당을 나가 보니, 닭 서너 마리가 닭장을 탈출해 대숲 옆 감나무 위에 올라가 있었다.

가지 위에 둥글게 모여 앉은 닭들은 마치 새가 된 듯 눈을 반쯤 감고 있었다. 도로를 달리던 수많은 날보다, 그 장면은 더 낯설고 묘했다. '닭이 원래 하늘을 날 수 있었지. 우리가 닭장을 만들어 가둔 것뿐이야.' 문득 그런 생각이 스쳤다. 닭들의 어설픈 자유가 우스우면서도, 그 작은 몸짓이 인간의 세계와 닮아 있었다. 제도와 규칙을 벗어나 잠시 맛보는 자유, 그러나 그 자유는 언제나 위험과 맞닿아 있었다.

며칠 동안 닭들은 저녁만 되면 나무 위로 올라갔다. 닭장을 열어주지 않아도, 스스로 날개를 퍼덕여 높은 가지에 올랐다. 나는 그 광경을 보며 입가에 웃음을 지었다. '닭도 자기만의 꿈이 있구나. 땅만 쪼아대는 게 아니라, 하늘 위 잠자리도 원하는구나.' 인간이 닭을 가두어 둔 건지, 닭이 인간의 질서를 거부한 건지, 경계가 흐려졌다.

그러나 자유에는 대가가 있었다. 어느 날 아침, 닭 한 마리가 보이지 않았다. 마당 한쪽에 흩어진 깃털과 핏자국이 그 자리를 대신하고 있었다. 길고양이가 밤 사이 나무에 올라 닭을 덮친 것이다. 강아지는 닭장 앞에서 서성이며 낑낑거렸고, 남은 닭들은 겁을 먹은 듯 다시 닭장으로 돌아갔다.

나는 한동안 그 자리에 서서 멍하니 깃털을 바라보았다. 인간이 만든 닭장이 새삼 달리 보였다. 닭장 안은 구속이지만 안전이었고, 나무 위는 자유였지만 위험이었다. 닭이 택한 건 순간의 자유였으나, 그것은 생명의 끊김으로 이어졌다.

청람루 마루에 앉아 그날의 일을 적었다. 자유와 안전은 늘 줄다리기를 한다. 길 위 노동자의 삶도 비슷했다. 규정과 계약의 울타리 안에 있으면 생계는 보장되지만, 마음은 갇힌다. 잠시 그 틀을 벗어나면 비로소 날개를 펴는 듯 자유롭지만, 동시에 더 큰 위험에 노출된다. 닭과 길고양이의 대치 속에, 나는 사람의 사회를 보았다.

해질 무렵, 남은 닭들이 횃대 위로 차례로 올라갔다. 마치 아무 일도 없었다는 듯, 평소의 질서로 돌아갔다. 그러나 그들의 눈빛은 전보다 더 경계심으로 빛났다. 나는 닭장 문을 닫으며 속으로 중얼거렸다. 우리는 자유를 잃고 안전을 얻기도 하고, 안전을 버리고 자유를 얻기도 한다. 하지만 둘 중 어느 쪽도 완전하지 않다.

휴게소에서 동료 기사가 내 이야기를 듣고 쓴웃음을 지었다.

"형님, 닭도 자유를 원하다가 목숨을 잃네요."
"사람도 다르지 않소. 자유는 언제나 목숨 값이지."
그는 한참을 생각하다가 고개를 끄덕였다.

나는 오늘도 다짐한다.
"자유와 안전은 늘 대가를 요구한다. 그러나 그 선택의 기록이 쌓여 삶이 된다."

트럭의 바퀴는 다시 굴러갔고, 나무 위 닭의 그림자는 여전히 내 기억 속에서 깃털처럼 흩날리고 있었다.

김장 담근 손, 나눈 마음

 가을이 깊어지자 청람루 마당 끝 텃밭은 하루가 다르게 변했다. 여름 내내 풀과 벌레로 북적이던 땅을 호미로 긁어내고, 삽으로 뒤엎으니 흙냄새가 진하게 올라왔다. 강아지는 옆에서 흙더미를 파헤치며 신이 났고, 닭들은 갓 드러난 지렁이를 쫓아다니며 종종걸음을 쳤다. 땅을 고르는 일은 고단했지만, 땀방울이 식을 즈음엔 마음속이 맑아졌다.
 이웃 노인이 다가와 말했다.
"올해도 김장하려고요?"
"예, 배추랑 무 심어 김장해서 나누려 합니다."
노인은 웃으며 고개를 끄덕였다. "그게 사람 사는 도리지요."

 며칠 뒤 텃밭엔 연둣빛 배추 모종이 줄을 맞춰 심어졌다. 흙 위에 앉은 모종은 작고 연약했지만, 이내 뿌리를 뻗으며 허리를 세웠다. 옆에는 무 씨앗이 줄지어 박혔고, 초록빛 싹이 삐죽 고개를 내밀었다. 바람에 흔들리면서도 꿋꿋했다. 그 싹들을 지켜보며 나는 생각했다. 사람도 이와 다르지 않다. 작은 희망을 심고, 바람에 흔들리며 자란다.

가을 끝, 배추는 속이 차올라 두 손으로 감싸 안기 어려울 정도가 되었다. 무는 땅속에서 희끗한 어깨를 드러냈다. 아침 햇살에 배추 잎이 반짝이는 모습은 마치 푸른 파도 같았다. 드디어 김장할 때가 되었다.

마당에 커다란 소쿠리를 펼쳐놓고 배추를 다듬었다. 이웃 아주머니들이 모여 와 "이건 속이 알차네" "소금은 적당히" 하며 웃음꽃을 피웠다. 절인 배추를 씻고 물기를 빼는 동안, 무채를 썰어 양념을 버무렸다. 고춧가루 붉은 빛이 무채에 스며들자, 겨울을 날 힘이 손끝에서 태어나는 듯했다.

"한번 맛 좀 봐요." 아주머니가 젓가락 끝으로 건네준 무채를 입에 넣자, 매콤하면서도 달큰한 맛이 입안을 가득 채웠다. 나는 웃으며 말했다. "이 맛이면 겨울도 거뜬히 이기겠습니다." 모두 함께 껄껄 웃었다.

김장이 끝난 뒤, 항아리마다 김치가 차곡차곡 담겼다. 항아리 뚜껑을 닫으며 나는 속으로 중얼거렸다. 이건 단순한 음식이 아니다. 겨울을 버티게 해주는 사람들의 연대다.

며칠 후, 나는 김치 몇 통을 나누어 이웃 집에 돌렸다. "고맙습니다"라는 인사와 함께, 어떤 집에서는 갓 지은 두부를 내어주었고, 어떤 집에서는 직접 담근 막걸리 한 병을 건네주었다. 김치 한 포기가 밥상 위에서 술잔과 두부, 웃음과 정으로 이어졌다.

청람루 마루에 앉아 항아리 옆을 지켜보며 생각했다. 도로 위에서 아무리 먼 거리를 달려도, 결국 사람을 살리는 건 이런 소박한 나눔이었다. 정치가 민생을 떠들고, 경제가 성장률을 자랑해도, 겨울을 따뜻하게 버티게 하는 건 배추 속에 담긴 손길과 마음이었다.

그날 밤, 강아지는 항아리 곁을 지키듯 웅크려 잤다. 닭들은 횃대 위에서 고개를 파묻고 잠들었고, 달빛은 항아리 뚜껑 위에 은빛을 얹어주었다. 나는 다시 공책을 열어 짧게 적었다. 김치는 음식이 아니라, 나눔의 언어다.

휴게소에서 동료 기사에게 이 얘기를 전하니, 그는 눈을 크게 뜨고 말했다.
"형님, 요즘 세상에 김치 나눠주는 이웃이 어디 있습니까?"
"있으니까 내가 나눈 거지."
그는 한참을 웃다가, 이내 조용히 말했다. "부럽습니다. 저도 내년에 꼭 심어야겠습니다."

나는 오늘도 다짐한다.
"김장은 배추로 담그지만, 겨울을 버티게 하는 건 사람의 정이다. 나눔이 있는 곳에 길은 끊기지 않는다."

트럭의 바퀴는 다시 길을 달렸고, 내 마음엔 아직도 배추밭의 푸른 물결이 흔들리고 있었다.

푸른 하늘 아래 낡은 의자

장심리 청람루의 하늘은 언제나 유난히 푸르다. 도시에서 본 하늘은 전깃줄에 잘려 나뉘어 있지만, 이곳의 하늘은 온전히 하나다. 아침이면 대숲 사이로 바람이 흔들리고, 햇살이 마당 가득 흘러내린다. 나는 낡은 나무 의자에 앉아 오래된 이어폰을 귀에 꽂았다. 작은 기기에서 흘러나오는 음악은 세련되지도, 웅장하지도 않았지만, 하늘과 바람과 곧잘 어울렸다.

옆에는 닳아진 책 한 권이 놓여 있었다. 문학 전집에서 아무 쪽이나 펼쳐든 페이지는 낯선 문장으로 가득했지만, 그 속에 담긴 숨결은 익숙했다. 종이 위 활자들은 마치 오래된 친구처럼 곁에 앉아 있었다. 손가락 끝이 종이를 스칠 때마다, 마음속 깊은 곳에서 잔잔한 파문이 일었다.

시 한 줄을 읊조렸다. "하늘은 저마다의 언어로 나를 부른다." 그 순간, 눈앞의 하늘은 한 줄 시가 되어 내 안에 내려앉았다. 강아지가 내 발밑에서 꼬리를 감고 앉아 졸고 있었고, 닭들은 먼지 목욕을 하며 깃털을 털어냈다. 자연과 동물과 책과 음악이 한 자리에 모여, 소박하지만 완전한 교향곡을 이루었다.

청람루 마당은 특별할 것 없는 풍경이었으나, 그 속에 담긴 여유는 도시의 호화로운 카페보다 깊었다. 음악은 때로 흐릿해지고, 책장은 바람에 덮여버리기도 했지만, 그 또한 낭만의 일부였다. 낡은 의자의 삐걱거림조차 내겐 작은 리듬이었다. 삶의 낭만은 거창한 장식이 아니라, 흔들리는 의자와 바람 부는 책장에서 태어난다.

나는 생각했다. 도로 위에서 시끄러운 엔진 소리와 경적에 둘러싸여 살지만, 결국 마음을 채우는 건 이런 순간이라는 것을. 사람은 늘 먹고살기 위해 무언가를 날라야 하지만, 영혼을 살찌우는 건 흙냄새와 활자, 그리고 하늘빛이라는 걸.

해가 기울 무렵, 음악은 느린 피아노 선율로 바뀌었고, 하늘은 붉은 노을로 물들었다. 책장을 덮으며 나는 스스로에게 물었다. 나는 지금 무엇을 운반하고 있는가. 짐인가, 낭만인가. 트럭이 나르는 짐은 시장에 닿아 사라지지만, 오늘 이 의자에 앉아 얻은 여유와 깨달음은 오래 남아 내 삶을 채운다.

밤이 내려앉자, 별빛이 청람루 지붕 위에 박혔다. 음악은 멈췄지만, 별빛이 대신 흐르기 시작했다. 나는 다시 책을 펼쳐 한 줄을 더 적었다. 하늘은 언제나 열려 있고, 그 아래 앉은 사람의 마음만이 닫혀 있다.

나는 오늘도 다짐한다.
"낡은 의자에 앉아 푸른 하늘을 바라보는 순간, 사람은 가장 큰 낭만을 얻는다. 소박한 여유가 결국 삶을 살린다."

트럭의 바퀴가 다시 굴러갈 때에도, 내 마음 한쪽에는 여전히 푸른 하늘 아래 낡은 의자가 놓여 있을 것이다.

돌담 밑 웅덩이의 합창

장마가 시작되자 청람루 돌담 밑에 작은 웅덩이가 생겼다. 장대비가 며칠을 내리치자, 빗물이 땅을 움푹 파고 고여 하나의 못이 되었다. 처음에는 그저 흙탕물일 뿐이었는데, 어느 날 저녁, 그 웅덩이에서 낮고 둔탁한 울음소리가 들려왔다. "맹꽁—, 맹꽁—." 오랜만에 듣는 소리였다.

나는 잠시 일을 멈추고 그 울음에 귀를 기울였다. 강아지도 고개를 갸웃거렸고, 닭들은 조용히 울음을 듣듯 고개를 숙였다. 맹꽁이는 장마철에만 모습을 드러내는 귀한 존재였다. 낮에는 좀처럼 보이지 않고, 비가 내리거나 해가 진 뒤에야 깊은 울음을 터뜨렸다. 돌담 밑 작은 웅덩이는 어느새 그들의 서식지가 되어 있었다.

어두운 마당에 앉아 있으면, 울음은 합창이 되었다. 한 마리의 소리가 울리면 곧 다른 곳에서 답했고, 또 다른 곳에서 화음을 얹었다. 빗방울이 지붕을 두드리는 소리와 맹꽁이의 울음이 겹치며, 청람루는 어느새 거대한 오케스트라가 되었다. 나는 그 합창 속에서 문득 마음이 차분해졌다. 도로 위의 요란한 엔진 소음이 아닌, 자연의 리듬이 나를 감쌌다.

며칠 뒤, 웅덩이 속엔 작은 올챙이들이 어른거렸다. 맹꽁이의 노래가 헛되지 않았음을 알리는 증거였다. 나는 웅덩이 앞에 서서 한참을 내려다보았다. 생명은 늘 가장 낮은 곳에서 시작된다. 화려한 강도, 깊은 호수도 아닌, 돌담 밑 작은 웅덩이에서 새 생명이 움튼다니, 어쩐지 울컥했다.

그날 밤, 글을 쓰기 위해 마루에 앉았다. 빗소리와 맹꽁이 울음은 배경음악처럼 흐르고, 손끝에서 문장이 흘러나왔다. 사람들은 장마를 불편이라 부르지만, 어떤 생명에게 장마는 잔치다. 나는 문득 내 삶을 돌아보았다. 도로 위에서 땀 흘리고, 때로는 공권력의 무기력에 치이고, 인간의 이기심에 염증을 느끼며 살았지만, 그 모든 틈새에도 새 생명은 피어났다.

장마철의 눅눅한 날들, 청람루에서의 일상은 불편했다. 빨래는 마르지 않았고, 길은 진흙으로 질척거렸다. 그러나 웅덩이의 맹꽁이 합창은 그 모든 불편을 잊게 했다. 자연은 늘 불편과 축복을 함께 건네주었다.
 휴게소에서 이 이야기를 전하자 동료 기사가 농담을 했다.
"형님, 그 맹꽁이들한테 운송비 청구해야 하는 거 아닙니까? 청람루 세입자네요."
모두가 웃었지만, 나는 속으로 생각했다. 돈으로 매길 수 없는 생명이야말로, 진짜 부자다.

며칠 뒤 비가 그치자 웅덩이는 점점 줄어들었다. 그러나 그 안에 남은 올챙이들은 여전히 파닥이며 살아 있었다. 나는 조심스레 물을 퍼다 부어 웅덩이가 마르지 않도록 했다. 그 작은 손길이 생명을 이어주는 다리라는 걸 알았기 때문이다.

밤이 깊어도 맹꽁이의 울음은 멈추지 않았다. 달빛이 구름 사이로 비치자, 돌담 밑 웅덩이는 은빛 거울처럼 빛났다. 나는 다시 공책에 짧게 적었다.

길은 사람만이 내는 게 아니다. 맹꽁이의 울음도 길을 낸다. 생명이 살아가는 길은 소리로, 물로, 빛으로 이어진다.

나는 오늘도 다짐한다.
"낮은 웅덩이에서도 생명은 합창을 시작한다. 불편을 견딘 자리에만 새로운 길이 열린다."

트럭의 바퀴가 다시 도로를 굴러도, 내 귓가에는 여전히 돌담 밑 웅덩이의 울음소리가 메아리쳤다.

창간호, 열 달의 산통 끝에 낳은 책

청람루의 가을 하늘 아래, 한 권의 책이 마침내 손에 쥐어졌다. 표지를 스치듯 어루만지는 순간, 심장이 두근거렸다. 그 책은 단순한 종이 묶음이 아니라, 지난 열 달 동안의 땀방울과 마음이 엉겨 붙어 태어난 옥동자였다. 이름하여 〈청람문학회 창간호〉.

문학회 회원들은 매일 한두 편씩 글을 올렸다. 어떤 이는 시를, 어떤 이는 수필을, 또 어떤 이는 단편소설을 보탰다. 글의 형식과 문체는 달랐지만, 그 안에 담긴 삶의 진솔함은 같았다. 화물차 기사, 농부, 교사, 주부, 은퇴한 노인에 이르기까지, 삶의 자리만큼이나 다양한 목소리들이 모였다. 그 글들을 모으니 어느새 50여 명의 작품이 한데 쌓였다.

출간비용은 넉넉하지 않았다. 그러나 모두 십시일반, 주머니 속의 작은 돈을 모았다. 큰돈은 아니었지만, 그 마음은 책 한 권의 무게보다 훨씬 무거웠다. 책은 돈으로 찍히는 게 아니라, 정성으로 찍히는 것이라는 사실을 새삼 깨닫게 했다.

청람 김왕식 선생은 평론가로서 누구보다 바쁘게 손을 움직였다. 회원들의 원고를 한 편 한 편 정성껏 읽고, 그 속의 빛을 발견해 평론을 붙였다. 글이 서툰 이는 격려로 북돋았고, 빛나는 글은 더 빛나도록 다듬어주었다. 그 덕분에 창간호는 단순히 글 모음이 아니라, 문학회라는 공동체의 얼굴이 되었다.

책이 인쇄소에서 나와 상자째 도착했을 때, 우리는 모두 아이를 맞는 부모처럼 설렜다. 인쇄 잉크 냄새가 새 생명의 울음처럼 강하게 풍겨왔다. 책장을 넘길 때마다 익숙한 이름이 보였다. 내 글도 그 속에 있었다. 낯익은 문장이 활자로 찍혀 나를 바라보는 순간, 가슴이 뭉클해졌다. 글은 혼자 쓰지만, 책은 함께 만든다는 사실을 깨달았다.

문학지를 펼쳐놓고 회원들이 둘러앉았다. 누군가는 눈시울을 붉혔고, 누군가는 소리 내어 웃었다. "이제 우리도 문학 잡지에 글을 실은 작가가 됐네!" 한 회원의 말에 모두가 박수를 쳤다. 그 순간, 글은 더 이상 개인의 것이 아니었다. 한 사람의 기록이 아니라, 공동체의 역사였다.

열 달 동안의 기다림은 고통스러웠다. 원고를 모으고, 교정을 보고, 출간비용을 마련하는 과정은 마치 산통 같았다. 그러나 책이 세상에 나왔을 때, 그 고통은 기쁨으로 변했다. 누군가 말했다. "책을 낸 기분이 어떤가요?" 나는 웃으며 대답했다. "열 달 동안 산통 겪고 아이 낳은 기분이지요." 모두가 고개를 끄덕이며 웃음을 터뜨렸다.

청람루 마루에 앉아 창간호를 펼쳤다. 대숲 바람이 책장을 넘기고, 강아지가 앞발로 표지를 툭 치며 장난을 걸었다. 닭들은 모이를 쪼다가 고개를 갸웃거렸다. 나는 책 위에 손을 얹고 조용히 중얼거렸다. 문학은 사치가 아니라, 우리 삶을 증명하는 기록이다.

밤이 깊어가자 창간호 표지 위로 달빛이 내려앉았다. 나는 공책에 짧게 적었다. 책은 종이가 아니라, 사람의 혼으로 묶인다.

나는 오늘도 다짐한다.
"문학은 홀로 쓰지만, 함께 낳는다. 한 권의 책은 곧 한 시대의 산통이자 희망이다."

트럭의 바퀴는 다시 굴러갔고, 도로 위 소음 속에서도 창간호의 묵직한 무게는 내 마음을 흔들지 않고 단단히 자리했다.

5천 원의 명품, 5만8천 원의 행복

오랜만에 휴식을 얻은 날, 나는 서울로 발길을 옮겼다. 도로 위의 무거운 짐과 엔진 소음을 잠시 내려놓고, 사람들의 북적임 속으로 몸을 던졌다. 목적지는 황학동 시장. 세월의 흔적이 묻은 골목마다 빈티지 옷이 걸려 있었다. 누군가는 오래되어 버린 옷이라 말하겠지만, 내 눈에는 모두 이야기가 담긴 보물처럼 보였다.

바지 두어 벌, 상의 서너 개를 골라 샀다. 상인과 흥정을 벌인 것도 아니었다. 값은 이미 충분히 낮았다. 계산서를 받아 들고 웃음이 새어 나왔다. "모두 합쳐 5만8천 원입니다." 시장 바람 속에서 듣는 그 말은 고급 백화점에서 들을 수 없는 멜로디였다.

집에 돌아와 깨끗이 세탁기를 돌리고 햇살에 바짝 말렸다. 새 옷처럼 반짝이진 않았지만, 내겐 그보다 더 값진 향기가 났다. 세월의 흔적이 씻겨나가고, 새 주인을 맞이한 옷들이 다시 숨을 쉬는 듯했다. 옷을 갈아입고 거울 앞에 섰다. 낡은 의자에 앉은 내 모습은 어쩐지 조금 더 젊어 보였다.

다음 날 운행에 나섰을 때, 동료 기사들이 눈을 크게 뜨고 물었다.
"형님, 어디서 그런 멋진 옷을 샀습니까? 명품 같아요."
나는 웃으며 대답했다. "황학동 시장, 5천 원짜리 명품이지."
순간 모두 폭소를 터뜨렸다. 농담 속에 담긴 진심을 그들도 알았다. 명품은 값이 아니라, 그 옷을 입는 사람의 마음에서 태어난다는 것을.

트럭 안에서 라디오를 들으며 문득 생각했다. 5000원짜리 옷이 사람의 기분을 이토록 환하게 만들 수 있다면, 행복도 별 게 아니라는 것을. 거창한 부와 권력이 아니라, 소박한 웃음과 작은 만족 속에 행복이 깃든다는 것을.

청람루 마당에서 다시 그 옷을 입고 마루 끝에 앉았다. 강아지는 내 무릎에 얼굴을 비비며 낯선 냄새를 탐했고, 닭들은 옆에서 흙을 쪼며 여유로운 오후를 함께했다. 그 순간 깨달았다. 행복은 비싼 옷이 아니라, 옷을 입고 웃을 수 있는 여유에서 시작된다.

나는 오늘도 다짐한다.
"명품은 값이 아니라 마음이다. 5000원의 옷이 5억의 행복을 안겨줄 수도 있다."

트럭의 바퀴는 다시 굴러갔고, 나는 도로 위에서도 여전히 5000원짜리 명품을 입은 사람으로 살았다.

밑창 없는 하루, 절뚝이며 웃다

토요일 아침, 지인의 자녀 결혼식에 참석하기 위해 오랜만에 옷장을 열었다. 거기엔 한 벌뿐인 양복이 걸려 있었다. 평소엔 트럭 위에서 청바지와 점퍼 차림으로 살아가던 내가, 오늘은 단정한 양복 차림을 해야 했다. 와이셔츠의 단추를 잠그며 거울 앞에 서자, 낯선 사람이 서 있는 듯 어색했다.

한때는 국회 수행비서로 근무하던 시절, 양복은 일상이었다. 넥타이를 매지 않으면 허전했고, 구두를 닦지 않으면 마음이 불편했다. 그러나 세월은 흘렀다. 이제 양복은 옷장 구석에서 먼지를 뒤집어쓰고, 특별한 날에만 소환되는 복장이 되었다. 옷은 몸에 맞았으나, 마음은 맞지 않았다. 마치 옛 연인을 마주한 듯 어색한 공기 속에서 출발했다.

예식장은 화려했다. 붉은 카펫이 깔린 계단을 오르던 순간, 뜻밖의 사고가 터졌다. "툭." 오른쪽 구두 밑창이 갑자기 떨어져 나간 것이다. 순간 내 발은 허공을 딛는 듯 어설펐다. 계단을 오르며 삐걱거리자, 옆에 있던 하객이 눈치를 챘는지 힐끗 쳐다보았다. 나는 태연한 척 고개를 들었지만, 마음속에서는 웃음이 터져나왔다.

 하객들이 우아한 구두 소리를 내며 계단을 오를 때, 내 발에서는 '쭉, 쩍' 하는 우스꽝스러운 소리가 났다. 마치 장터에서 신발 수선공이 장난삼아 붙여놓은 가죽이 덜렁대는 듯했다. 나는 의식하지 않으려 했지만, 발걸음마다 울려 퍼지는 소리가 나를 배신했다.

결혼식 내내 나는 절뚝거리며 다녔다. 신부의 우아한 드레스와 신랑의 반짝이는 구두 사이에서, 내 밑창 떨어진 구두는 진정한 이 날의 해프닝이었다. 사람들은 누구도 크게 신경 쓰지 않았지만, 나는 속으로 '오늘의 주인공은 신랑·신부가 아니라 내 구두가 아닐까' 하는 우스운 생각마저 들었다. 밥상 앞에 앉아도 밑창은 계속 딸각거렸다. 옆자리 지인이 "발목 괜찮으세요? 다치신 줄 알았습니다" 하고 물었다. 나는 웃으며 대답했다. "아뇨, 다친 건 다리가 아니라 구두입니다." 모두가 웃음을 터뜨렸다. 순간, 밑창 없는 구두가 하객들의 분위기를 부드럽게 풀어주는 역할까지 했으니, 이 또한 나름 유용한 사고였다.

그러나 그날 나는 웃음 속에서도 작은 깨달음을 얻었다. 절뚝이며 걸으면서, 나는 다리 불편한 이들의 마음을 순간이나마 느낄 수 있었다. 내가 단 하루 겪은 불편이 누군가에겐 평생의 삶이라는 사실을 떠올리자, 우스운 해프닝은 곧 숙연한 사색으로 이어졌다. 웃음을 준 사고가 동시에 타인의 아픔을 헤아리게 했다.

결혼식이 끝나고 집으로 돌아오는 길, 나는 구두를 벗어 손에 들고 걸었다. 비록 낡고 밑창이 떨어졌지만, 이 구두는 내게 오늘 하루 소중한 교훈을 남겼다. 새 구두를 사야겠다고 마음먹으면서도, 속으로는 이 구두를 쉽게 버리지 못할 것 같았다. 사람을 웃게 하고, 나를 겸손하게 한 구두이니, 추억으로 남길 이유가 충분했다.

청람루 마당에 앉아 구두를 내려놓았다. 강아지가 구두 밑창을 물어뜯으려 하자 웃음이 다시 번졌다. 닭들은 옆에서 흙을 파헤치며 구두 따위엔 관심이 없었다. 하늘은 여전히 푸르렀고, 나의 구두는 여전히 밑창이 없었다. 그러나 마음은 이상하게도 든든했다. 밑창 하나가 떨어진다고, 내 삶이 무너지는 건 아니니까.

나는 오늘도 다짐한다.
"밑창 없는 하루도 삶이다. 절뚝이며 웃을 수 있다면, 그날은 이미 값진 하루다."

트럭의 바퀴는 다시 굴러갔고, 밑창 떨어진 구두의 해프닝은 길 위에서 오래도록 나를 미소 짓게 했다.

청람우체통에 온 단 하나의 편지

 청람루 대문 옆에 붙어 있는 낡은 우체통은, 한때 동네의 소식과 마음을 이어주는 다리였다. 그러나 요즘은 통신 기술이 발달해 카톡이 편지를 대신하고, 이메일이 소식을 밀어내니, 우체통은 장식품처럼 방치된 지 오래였다. 거미줄이 구석에 얽히고, 먼지가 소복이 쌓여도, 나는 괜히 버리지 못했다. 언젠가 이곳에도 반가운 편지가 올지 모른다는 기대가 남아 있었기 때문이다.

그러던 어느 날, 우체통에 유일한 우편물이 도착했다. 두근거리며 꺼내어 보니, 봉투에는 큼지막하게 적혀 있었다. "교통 신호위반 고지서." 순간 허탈한 웃음이 터졌다. 한참을 기다린 편지 한 장이, 고작 벌금 통지서라니. 청람루의 우체통은 낭만의 상징이 아니라, 국가 행정의 집행관 노릇을 하고 있었다.

편지를 펼치니 적나라하게 기록돼 있었다. '몇 월 며칠 몇 시, 어디서, 적색 신호를 위반하였다.' 마치 내 삶의 죄목을 열거하는 판결문 같았다. 트럭 운전석에 앉아 졸린 눈으로 신호등을 바라보던 그 순간이 떠올랐다. 급히 화물을 제시간에 내려야 한다는 압박 속에서, 노란불이 깜빡거리던 찰나에 살짝 밀고 간 것이었을까. 결과는 6만 원짜리 '편지'였다.

나는 마루 끝에 앉아 딱지를 펼쳐 놓고, 강아지와 닭들을 향해 중얼거렸다.
"너희들한테 편지라도 쓰면 좋으련만, 세상은 나한테 벌금만 보내주는구나."
강아지는 꼬리를 흔들며 내 손에 얼굴을 비볐고, 닭들은 딱지 위에 내려앉은 벌레를 쪼았다. 우습고 씁쓸한 풍경이었다.

웃음이 나면서도 마음은 복잡했다. 왜 우리의 우체통에는 이런 우편물만 채워질까. 사랑 고백 편지는 고사하고, 세금 고지서, 보험료 청구서, 각종 행정문서만 빼곡하다. 국가는 우리에게 편지를 쓰되, 늘 돈을 내라는 문장으로 끝맺는다. 서민에게 문학적 편지는 오지 않고, 행정적 고지서만 날아오는 세상. 이것이 현실이었다.

휴게소에서 이 이야기를 전하자 동료 기사들이 폭소를 터뜨렸다.
"형님, 그나마 우체통이 살아 있다는 증거 아닙니까? 우리는 아예 우체통 열어봐도 빈 통이라네."
"빈 통이 낫지, 벌금 딱지보단."
웃음 속에서 우리는 알았다. 이 해학적 현실이 곧 서민의 일상이라는 것을.

청람루 우체통은 여전히 그 자리에 있다. 나는 딱지를 항아리 옆에 올려놓고, 장난처럼 글을 적었다. 편지가 편지가 되려면, 돈이 아니라 마음을 담아야 한다. 언젠가 이 우체통에 누군가의 손편지가 도착하리라는 기대를 버리지 않는다. 흙 묻은 손으로 꾹꾹 눌러쓴 엽서 한 장, 혹은 "잘 지내냐"는 짧은 인사 한 줄. 그것이면 충분하다.

밤이 되어 달빛이 우체통 위로 내려앉았다. 나는 빙긋 웃었다. 오늘 청람루의 유일한 우편물은 벌금 딱지였지만, 내 마음속엔 누군가 보낸 위로의 편지가 도착해 있었다.

나는 오늘도 다짐한다.
"벌금 딱지도 편지다. 그러나 진짜 편지는 마음이 닿는 글이다. 우리 삶의 우체통은 언제나 사랑과 위로로 채워져야 한다."

트럭의 바퀴는 다시 도로를 달렸고, 청람루 우체통은 여전히 낡은 입을 벌린 채, 다음 편지를 기다리고 있었다.

폭설 아래서 웃은 철근

밤새 눈이 내렸다. 창밖을 보니 청람루 마당도, 대숲도, 텃밭도 하얗게 파묻혀 있었다. 강아지는 처음 보는 흰 세상에 이리저리 뛰어다녔고, 닭들은 눈 위에 발자국을 남기며 당황한 표정을 지었다. 그러나 아침 햇살이 겨우 비치려는 순간, 땅 밑에서 묵직한 소리가 났다. 꽝! 비닐하우스 지붕이 눈 무게를 견디지 못하고 철근째 주저앉은 것이다.

순간 가슴이 철렁 내려앉았다. 봄농사를 준비해온 터였기에, 눈더미 아래 찌그러진 비닐하우스를 보니 눈이 아니라 눈물이 쏟아질 지경이었다. 그러나 울고 있을 새가 없었다. 삽과 갈퀴를 들고 달려가 눈을 퍼내기 시작했다.

눈은 사람을 조롱하듯 끝도 없이 쏟아져 내렸다. 퍼내면 다시 쌓이고, 치우면 또 쌓였다. 팔은 곧 저려왔고, 허리는 뻣뻣해졌다. 손가락은 장갑 안에서 곧 얼어붙을 것 같았다. 옆에서 지켜보던 이웃이 웃으며 말했다.
"아이고, 눈이 사람을 이기겠소? 그냥 녹을 때까지 두지."

나는 웃으며 대답했다. "녹을 때까지 두면, 봄농사가 없어집니다."

눈더미 속에서 철근을 세우고 비닐을 다시 씌우는 일은 마치 전쟁 같았다. 망치질을 하다 손톱이 깨지고, 삽질을 하다 허벅지가 후들거렸다. 그 순간 내 머릿속에는 한마디가 떠올랐다. 고생은 고통이 아니라, 삶을 붙드는 운동이다.

잠시 쉬기 위해 청람루 마루에 앉으니, 강아지가 발에 코를 박고 졸고 있었다. 닭들은 닭장 속에 모여, 바람이 덜 드는 구석을 찾아 웅크리고 있었다. 나는 뜨거운 보리차 한 잔을 마시며 하얀 산을 바라봤다. 고단한 노동 속에서도, 눈이 빚어낸 풍경은 장관이었다. 눈은 비닐하우스를 무너뜨렸지만, 동시에 세상을 한 폭의 수묵화로 바꾸어 놓았다.

다시 일어나 눈을 치우며, 문득 웃음이 터졌다. 철근을 세우는 내 모습이 마치 광대 같았다. 눈더미에 미끄러져 엉덩방아를 찧자, 강아지가 놀란 듯 짖어댔다. 순간 나는 혼잣말로 중얼거렸다. "이게 다 문학의 소재로 남겠지." 고생은 삶에서 사라지지 않고, 언젠가 글로 승화될 재료였다.

저녁 무렵, 마침내 눈더미를 치우고 찌그러진 철근을 겨우 세웠다. 온몸은 땀과 눈에 젖어 있었지만, 마음은 이상하게도 가벼웠다. 땀방울이 증명하듯, 무너진 것은 지붕이지 내 의지가 아니었다.

휴게소에서 이 이야기를 전하니 동료 기사들이 폭소를 터뜨렸다.
"형님, 트럭도 모자라 비닐하우스까지 떠받치십니까?"
"그래도 세우고 나니 봄농사가 살아났습니다."
웃음 속에서 고통은 희화가 되었고, 희화 속에서 삶의 보람이 더욱 선명해졌다.

청람루 밤하늘은 별빛으로 가득했다. 나는 비닐하우스 옆에 서서 무너진 흔적을 쓰다듬었다. 손바닥에 남은 감각은 고단했지만, 묘하게 따뜻했다. 삶은 늘 무너지고, 사람은 늘 다시 세운다.

나는 오늘도 다짐한다.
"폭설은 지붕을 무너뜨리지만, 사람의 마음은 무너뜨리지 못한다. 고생은 고통으로 끝나지 않고, 결국 보람으로 피어난다."

트럭의 바퀴가 다시 굴러갈 때, 내 가슴엔 눈더미 속에서 웃던 철근의 기억이 여전히 반짝였다.

청람루의 작은 박물관

　나는 오래전부터 버리지 못하는 버릇이 있었다. 사람들은 "수집벽"이라 부른다. 그러나 내게는 단순한 집착이 아니라 삶의 기록이었다. 장심리 청람루 우거에 들어서면, 마루와 안방, 다락 구석마다 과거의 물건들이 빽빽히 들어차 있다. 처음 방문하는 사람은 눈을 크게 뜨며 말한다.
"이 집은 웬만한 박물관 못지않네요."
그 말은 농담 같지만, 내겐 사실이었다.

　먼저 눈에 띄는 것은 초등학교 시절의 일기장이다. 삐뚤빼뚤한 글씨로 "오늘은 친구와 놀았다"라고 적힌 문장을 읽다 보면, 세월이 50년은 거슬러 오른다. 그 옆에는 낡은 필통이 놓여 있다. 연필심이 굵게 박혀 있는 금속 필통, 손때 묻은 지우개 자국이 아직도 희미하게 남아 있다. 이 필통 하나에도 나의 시간과 열정, 그리고 어린 날의 꿈이 새겨져 있다.

　책장 한쪽에는 개근상장이 가지런히 꽂혀 있다. 종이 색은 바랬지만, 금박 글씨는 아직 번쩍인다. 초등학교 6년, 중학교 3년을 빠짐없이 다닌 흔적.

그때는 그저 개근이 당연하다 여겼지만, 지금 돌아보면 성실함이 내 삶을 지탱해 온 힘이었다는 걸 깨닫는다.

더 놀라운 건, 가방까지 남아 있다는 사실이다. 해진 가죽에 군데군데 실밥이 튀어나와 있지만, 그 속에는 한 시대의 냄새가 배어 있다. 책가방을 메고 뛰어가던 운동장의 풍경, 빗속에 젖어 무거워진 가방을 질질 끌던 장면이 다시 살아난다. 나는 그 가방을 만질 때마다, 어린 시절의 내가 손을 잡고 되살아나는 듯한 기분을 느낀다.

이 작은 박물관은 남들이 보기엔 쓸모없는 물건의 집합일지도 모른다. 그러나 내겐 모두 삶의 화석이다. 트럭으로 전국을 달리며 순간을 기록하지 못할 때에도, 이 물건들은 내 과거를 충실히 증언해 준다. 사람은 쉽게 변하지만, 물건은 묵묵히 그때의 모습을 간직한다.

가끔 동료 기사들이 청람루에 들르면 박물관 구경을 한다.
"형님, 이거 버리셔야 집이 넓어집니다."
나는 웃으며 대답한다. "이게 없으면 내 집이 아니라 창고가 되지요. 물건이 나를 차지하는 게 아니라, 내가 물건 속에서 살아가는 겁니다."
그 말에 모두가 폭소를 터뜨리지만, 이내 고개를 끄덕인다.

청람루의 밤, 마루에 앉아 옛 일기장을 펼친다. 강아지는 내 발에 코를 박고 자고, 닭들은 횃대 위에서 숨을 고른다. 낡은 종이에서 풍기는 묘한 냄새는 잊힌 시간을 불러낸다. 나는 글을 적으며 생각한다. 사람은 결국 사라지지만, 손때 묻은 물건은 남는다. 그것이 바로 역사의 최소 단위다.

누군가 묻는다. "왜 그렇게 옛 물건을 간직하십니까?" 나는 대답한다. "그것들은 단순한 추억이 아니라, 앞으로 나아갈 힘을 주는 뿌리입니다."

나는 오늘도 다짐한다.
"낡은 물건은 버려진 과거가 아니라, 다시 살아나는 역사다. 작은 박물관 속에 삶의 뿌리가 숨 쉬고 있다."

트럭의 바퀴는 여전히 도로를 달리고, 청람루의 작은 박물관은 여전히 나를 지탱하는 또 하나의 집이 되어주고 있었다.

제8 부

팥빙수 한 그릇의 온기
계고장 한 장, 농막의 꿈
트럭 위에서 만난 문학
진정한 자연인은 누구인가
자연이 불러낸 작은 축제
일요일 오후, 빈대떡과 탁주
눈 내린 청람루의 밤
청람루에 찾아온 첫 매화
청람루의 소나무·잣나무 숲 바람
청람루 현액판에 깃든 뜻

제8 부

팥빙수 한 그릇의 온기

한여름의 태양은 무자비했다. 트럭 적재함 위에 올라 박스를 내리는 순간, 온몸은 땀으로 흠뻑 젖었다. 햇살은 쇳덩이 차체를 달궈 손바닥이 데일 지경이었고, 등에선 땀이 줄줄 흘러내렸다. 무더위 속에서 짐을 옮기고 나르며, 나는 속으로 중얼거렸다. 오늘은 정말 고역이다.

마침내 마지막 상자를 내리고 숨을 돌리는데, 그쪽 창고 인부가 다가왔다. 헝겊으로 이마의 땀을 훔치던 그는 환한 미소를 지으며 말했다.

"기사님, 고생 많으셨습니다. 시원한 거 하나 드시지요."

잠시 후, 내 앞에 놓인 것은 큼지막한 유리 그릇 속의 팥빙수였다. 잘게 간 얼음 위에 달콤한 팥, 쫄깃한 떡, 알록달록 젤리와 연유가 얹혀 있었다. 한여름의 태양만큼이나 뜨겁던 내 몸속에, 눈처럼 하얀 얼음이 반짝였다.

숟가락을 들어 한입 떠 넣는 순간, 세상이 달라졌다. 얼음 알갱이가 입안에서 녹으며 혀끝을 식히고, 달콤한 팥이 지친 마음까지 어루만졌다. 그동안 등줄기를 타고 흐르던 땀방울이 순간 사라지는 듯했다. 나는 웃음이 절로 나왔다. 이게 바로 노동의 보상이지.

주변의 인부들도 함께 둘러앉아 팥빙수를 나눴다. 누군가는 "요즘 경기가 어려워 팥빙수 사 먹을 여유도 없는데, 오늘은 호강합니다"라며 웃었다. 또 누군가는 "더위도 같이 나눠야 덜 덥지 않겠습니까"라며 숟가락을 휘저었다. 그 말에 모두가 고개를 끄덕였다.

작업장의 소음과 먼지 속에서도, 그 팥빙수 한 그릇은 잠시나마 우리를 같은 식탁에 앉힌 형제처럼 만들었다. 나는 마음속으로 되뇌었다. 진정한 나눔은 크지 않아도 된다. 얼음 몇 줌, 팥 한 숟가락이면 충분하다.

청람루로 돌아오는 길, 나는 그 팥빙수 맛을 잊지 못했다. 강아지가 달려와 반기고, 닭들이 모이를 쪼아대는 마당에 앉아, 문득 글을 적었다. 사람은 빵으로만 사는 게 아니다. 때로는 팥빙수 한 그릇으로도 살아간다.

휴게소에서 이 이야기를 전하자 동료 기사들이 한바탕 웃었다.
"형님, 우리도 짐 내릴 때마다 팥빙수 받아야겠습니다!"
나는 웃으며 대답했다. "그럼 세상은 이미 천국이지요."

사실, 우리는 늘 빡빡한 일정과 부족한 대우 속에 살아간다. 그러나 그 속에서 만난 작은 정성 하나가 삶을 버티게 한다. 돈으로 환산할 수 없는 진짜 행복은 바로 거기에 있었다.

저녁이 되어 해가 뉘엿뉘엿 질 때, 나는 공책에 짧게 적었다.
"팥빙수 한 그릇은 얼음을 담았지만, 그 속에는 마음이 담겨 있었다. 작은 나눔이 더운 세상에서 가장 시원한 그늘이 된다."

트럭의 바퀴는 다시 도로를 달렸고, 나는 아직도 그 단맛과 시원함을 기억하며 미소를 지었다.

계고장 한 장, 농막의 꿈

어느 날, 청람루 우체통에 낯선 봉투가 꽂혀 있었다. 흥분과 설렘 대신, 불길한 예감이 먼저 스쳤다. 봉투를 열자 굵은 글씨가 눈을 찔렀다. "철거 계고장." 순간, 손끝이 얼어붙는 듯했다.

청람루는 화려한 저택이 아니다. 시골의 많은 이들이 그러하듯, 비닐하우스 옆에 조그만 컨테이너를 놓고 방을 만들어 쓰는 게 관례였다. 농막이라 이름 붙였지만, 사실은 농사 도구와 창고 겸용으로 지어 놓은 거처였다. 그러나 행정은 그렇게 보지 않았다. 종이에 적힌 문장은 단호했다. "불법 숙식 행위 확인."

나는 한동안 마당에 앉아 멍하니 계고장을 바라보았다. 강아지는 내 무릎에 얼굴을 비볐고, 닭들은 여느 때처럼 흙을 쪼았다. 세상은 평온했지만, 종이 한 장이 나의 보금자리를 흔들어 놓았다.

웃음이 터지기도 했다. "시골에선 다 이렇게 사는데, 내 집만 딱 걸린 모양이지." 사실, 비닐하우스와 컨테이너에서 잠시 몸을 뉘는 건 농촌의 일상이었다. 농사철엔 해 지고 바로 눕고, 비 오면 짐을 지키며 자는 일이 흔했다. 그러나 행정은 현실을 모른 채, 법 조항만 들이댔다. 책상 위의 글자와 밭머리의 흙은 늘 따로 논다.

주변 사람들은 걱정스레 물었다. "이제 어떻게 하실 겁니까?"
나는 웃으며 대답했다. "농지전용 허가를 내야죠. 작아도 정식 농막을 짓겠습니다."
사람들은 고개를 끄덕였지만, 속으로는 다 알았다. 그 허가가 얼마나 까다롭고, 비용이 얼마나 드는지. 그러나 달리 길이 없었다. 이왕이면 제대로 짓자. 움막이 아니라, 작은 꿈의 집을.

저녁 무렵, 청람루 마루에 앉아 생각했다. 계고장은 철거를 명령했지만, 동시에 새로운 길을 열어주었다. 움막 같은 삶을 걷어내고, 작은 농막이라도 뿌리내리라는 뜻처럼 보였다. 불편과 제약 속에서도 삶은 언제나 길을 낸다.

휴게소에서 이 이야기를 전하자 동료 기사들이 폭소를 터뜨렸다.
"형님, 이제 트럭은 불법 주거, 청람루도 불법 주거라니… 이쯤 되면 대한민국 대표 '불법 거주자' 아닙니까?"
나도 크게 웃었다. "그래도 마음만은 합법입니다."
그 해학 속에, 씁쓸한 현실과 꿋꿋한 의지가 동시에 묻어났다.

밤이 깊어 달빛이 청람루 지붕 위를 덮었다. 계고장은 여전히 책상 위에 놓여 있었지만, 내 마음은 이미 새로운 설계도를 그리기 시작했다. 언젠가 작은 농막을 짓고, 합법의 깃발 아래서도 여전히 자유롭게 살리라.

나는 오늘도 다짐한다.
"종이 한 장이 삶을 흔들 수는 있어도, 마음의 뿌리까지 흔들 수는 없다. 움막은 철거해도, 꿈은 철거되지 않는다."

트럭의 바퀴는 다시 도로를 달렸고, 계고장은 나를 주저앉히지 않고 오히려 다시 일어서게 하는 채찍이 되었다.

트럭 위에서 만난 문학

트럭의 시동을 걸면 세상은 곧 거대한 무대가 된다. 고속도로는 끝없는 문장처럼 이어지고, 표지판은 쉼표처럼 나타난다. 때로는 사고 현장의 긴급한 정지선이 마침표가 되기도 한다. 나는 매일 수백 킬로미터를 달리며 짐을 나른다. 그러나 그 과정 속에서 내 마음이 나르는 것은 짐만이 아니다. 그것은 이야기요, 문학이다.

사람들이 묻는다. "운전하며 글은 언제 씁니까?" 나는 대답한다. "트럭 운전석이 내 서재입니다." 긴 도로를 달리며 차창 밖 풍경이 변주곡처럼 흐를 때, 문장은 마음속에서 저절로 태어난다. 신호 대기 중에 떠오른 구절을 수첩에 옮겨 적고, 휴게소에서 커피 한 잔을 마시며 한 편의 단상을 완성한다. 피곤에 지쳐 차박을 하면서도, 어머니를 그리워하는 글을 쓰며 밤을 꼬박 지샌 적도 있다.

문학은 내게 있어 고단한 삶의 통행권이었다. 사고로 동료를 잃은 날, 글을 쓰며 울음을 달랬다. 짐이 파손되어 손해를 떠안은 날, 글을 쓰며 억울함을 녹였다. 폭설로 갇힌 도로 위, 차창에 성에가 껴 세상을 가리지 못할 때조차, 문장은 내 시야를 열어주었다. 고통이 글로 승화될 때, 그것은 더 이상 짐이 아니었다.

문학은 또 하나의 화물차였다. 나는 세상에 실려온 슬픔과 기쁨, 풍자와 해학을 글 위에 싣고 달린다. 화물차가 없으면 시장이 멈추듯, 문학이 없으면 내 마음의 유통도 멈춘다. 글은 감정을 저장하는 창고이고, 문학지는 사람들의 삶을 이어주는 물류센터다. 트럭이 도시에 빵과 과일을 실어 나르듯, 문학은 사람들의 마음에 희망과 위로를 실어 나른다.

 청람루 마당에 앉아 있으면, 강아지와 닭들이 곁을 지킨다. 낮에는 글을 쓰고, 밤에는 별빛을 벗 삼아 원고를 다듬는다. 사람들은 말한다. "문학이 밥 먹여주냐?" 나는 웃는다. "밥은 트럭이 먹여주고, 문학은 나를 살려준다." 노동이 삶을 버티게 한다면, 문학은 삶을 살 만하게 만든다.

휴게소에서 동료 기사에게 물었다. "당신에겐 술 한 잔이 위로라면, 내겐 글 한 줄이 위로입니다. 같은 위로지만 모양이 다른 것이지요." 그는 잠시 침묵하다가 고개를 끄덕였다. "형님은 짐만 나르는 게 아니라, 마음까지 나르는군요."

나는 생각한다. 문학은 내게 있어 운전석 위의 나침반이다. 북쪽을 향하지 않아도, 글은 늘 나를 사람과 사람, 나와 세상 사이로 이끌어준다. 때로는 분노를 풍자로, 슬픔을 시로, 허무를 수필로 변주한다. 트럭은 연료가 있어야 달리지만, 내 마음은 문학이 있어야 움직인다.

밤이 깊어 청람루 창문 너머로 바람이 스친다. 나는 노트에 한 줄을 적는다. 문학은 내 삶의 화물차다. 짐이 없으면 차는 달리지 못하듯, 문학이 없으면 나는 살아가지 못한다.

나는 오늘도 다짐한다.
"문학은 나를 운전석에서 일으켜 세우는 또 하나의 바퀴다. 도로가 삶을 이어주듯, 문학은 내 영혼을 이어준다."

트럭의 바퀴는 여전히 돌고, 내 글의 문장도 쉼 없이 이어지고 있었다.

진정한 자연인은 누구인가

　사람들은 '자연인'이라는 말을 쉽게 쓴다. 도시의 번잡함에서 벗어나 산속 움막에서 사는 이를 부러움 섞인 시선으로 부른다. 텔레비전은 그것을 낭만으로 포장하고, 세상은 그것을 자유의 상징처럼 소비한다. 그러나 나는 묻는다. 진정한 자연인이 과연 존재하는가?

실제 자연인은 아프다. 그들은 대부분 사회에서 밀려난 이들이었다. 경제적·정신적·육체적으로 무너져, 더는 버틸 수 없어 산으로 향한 이들이 많았다. 도시가 그들을 내쳤고, 인간 사회가 그들을 배제했을 때, 유일한 도피처가 자연이었다. 자연은 묻지도 않고 그들을 품었다. 나무와 바람, 계곡의 물소리는 그들에게 마지막 안식처였다.
　그러나 아이러니는 여기에 있다. 자연이 그토록 보듬어 안아주었음에도, 인간은 다시 자연을 파헤친다. 자급자족이라는 이름으로 산나물과 버섯, 약초와 뿌리를 죄다 캐낸다. 산은 움푹 패이고, 숲은 상처 입는다. 자연의 심장은 인간의 손에 의해 조금씩 도려내진다. 자연이 치유의 자궁이라면, 그 자궁은 반복적으로 상처받는다.

나는 이 모순 앞에서 고개를 숙인다. 나 또한 자유롭지 못하다. 텃밭을 일구며 밥상을 차리고, 땔감을 마련하며 계절을 견딘다. 그것이 자연을 아프게 하지 않았다고 감히 말할 수 없다. 문학을 쓰며 자연을 노래하지만, 정작 나는 자연을 얼마나 아프게 했는가.

진정한 성숙한 자연인은 누구인가? 자연을 소비하는 이가 아니라, 자연과 공존하는 이다. 자연에게서 빼앗는 것보다, 자연을 돌려주는 이다. 숲에서 버섯을 따더라도, 그 자리의 땅을 다시 덮어주고, 샘물에서 물을 길어도, 오염을 남기지 않는 이다. 자연을 소유물이 아닌 '타자'로 대할 줄 아는 이, 그가 비로소 진정한 자연인이다.

문제는, 자연이 끝없이 참아줄 것이라는 착각이다. 그러나 자연은 아프다. 산은 훼손되고, 강은 메말라가며, 바다는 쓰레기로 신음한다. 인간이 그 사실을 외면하는 순간, 자연은 더 이상 치유자가 되지 못한다. 결국 인간이 자연을 살리지 않으면, 자연 또한 인간을 살리지 못한다.

나는 오늘도 청람루 마당에 앉아 부끄러움과 마주한다. 자연을 사랑한다 말하지만, 사실은 의존하며 소비해온 세월이었다. 그러나 부끄러움이 있어야 성찰이 있고, 성찰이 있어야 변화가 있다.

나는 오늘도 다짐한다.
"자연은 도피처가 아니라 스승이다. 빼앗음이 아니라 돌려줌 속에서만 진정한 자연인이 탄생한다."

트럭의 바퀴가 다시 도로를 달려도, 내 귀에는 여전히 숲의 신음이 들려왔다.

자연이 불러낸 작은 축제

 장심리 청람루의 하루는 언제나 고요했다. 바람은 대숲을 지나며 청아한 휘파람을 불고, 닭들은 흙을 파헤치며 작은 음악을 만들었다. 그러나 그날만은 달랐다. 누구와 약속한 것도 아닌데, 하나둘 지인들이 청람루 마당으로 모여들기 시작했다.

 먼저 마을 어귀에서 자전거를 타고 온 친구가 있었다. 그는 텃밭에서 갓 따온 오이와 토마토를 바구니에 담아 들고 왔다. 이어진 방문자는 부추전을 부쳐 온 이웃이었다. 노릇노릇 기름내가 풍기자, 강아지가 꼬리를 흔들며 반겼다. 잠시 뒤, 누군가는 막걸리 한 병을 품에 안고 나타났고, 또 다른 이는 오래된 기타를 들고 청람루 계단을 올라왔다. 약속 없는 만남이었지만, 마치 누군가 미리 초대장을 뿌려 놓은 듯 자연이 사람들을 불러 모았다.

 마당 한켠에 긴 상이 펼쳐졌다. 오이와 토마토가 그릇에 담기고, 부추전이 따끈한 김을 뿜으며 놓였다. 막걸리 잔이 돌자, 사람들의 얼굴에 붉은 빛이 돌았다. 닭들은 기웃거리며 발끝을 쪼았고, 강아지는 사람들 다리 사이를 오가며 연회장을 완성했다.

처음에는 조용히 인사가 오갔다. 그러나 숟가락이 부딪히며 장단이 생기자, 어느새 웃음이 터지고, 노래가 흘렀다. 기타 줄을 퉁기던 손길이 오래된 가요를 부르자, 모두 박수를 치며 합창에 나섰다. 젓가락으로 상을 두드리며 리듬을 맞추는 이도 있었고, 아이들은 흙바닥 위에서 신발을 벗고 춤을 추었다. 무대도 조명도 없었지만, 마당은 이미 작은 연회장이었다.

해가 기울어 노을빛이 산등성이를 물들이자, 잔치의 공기는 더욱 따뜻해졌다. 한 사람은 도시에서의 고단한 삶을 이야기했고, 또 다른 이는 농사의 희로애락을 풀어냈다. 누군가는 "여기 오니 숨이 트인다" 하고, 또 다른 이는 "사람 사는 재미는 결국 이렇게 모이는 것"이라며 잔을 높이 들었다.

나는 그 모습을 바라보며 깨달았다. 진정한 자연인은 홀로 숲에 은둔하는 이가 아니다. 자연을 매개로 서로의 삶을 나누고, 상처를 어루만지며, 함께 웃는 이들이다. 자연은 도피처가 아니라, 모두가 둘러앉아 연회를 여는 잔칫집이었다.

달빛이 뜰 위에 내려앉을 때, 우리는 잠시 말을 멈추고 하늘을 올려다보았다. 별빛은 잔잔한 샹들리에가 되어 청람루 연회장을 밝혀주었다. 바람은 조용히 식탁보를 흔들었고, 웃음은 다시 퍼져 나갔다. 약속도 준비도 없었지만, 오늘의 만남은 오히려 그 무엇보다 소중했다.

밤이 깊어 헤어질 시간이 다가왔을 때, 사람들은 서로 손을 잡으며 말했다. "다음엔 내가 더 맛있는 걸 가져오겠네." "내 노래도 준비하리다." 그렇게 자연이 초대한 잔치는 끝나지 않았다.

나는 오늘도 다짐한다.
"자연은 혼자의 은둔처가 아니라, 모두의 연회장이다. 자연이 부르면, 사람들은 모여 작은 축제를 이루고, 그 자리에서 비로소 공동체가 된다."

트럭의 바퀴는 다시 도로를 굴렀지만, 청람루 마당의 작은 잔치, 웃음과 노래와 별빛의 연회는 여전히 내 마음 속에 반짝이고 있었다.

일요일 오후, 빈대떡과 탁주

 일요일 오후, 청람루 마당은 유난히 평화로웠다. 강아지는 햇볕이 내리쬐는 마루 끝에 드러누워 눈을 가늘게 뜨고 있었고, 닭들은 돌담 밑에서 흙을 파며 소소한 놀음을 하고 있었다. 바람은 대숲 사이를 헤집으며, 느슨하고 길게 이어지는 가락을 풀어냈다. 한낮의 게으름 속에서, 나는 그저 책장을 넘기고 있을 뿐이었다.

그런데 뜻밖에 발걸음이 들려왔다. 먼저 도착한 이는 오랜 벗 부부였다. 그들은 손수 빚은 막걸리 한 병과 갓 무친 부추전을 종지에 담아 들고 왔다. 반가움이 채 가시기도 전에, 또 다른 이웃이 빈대떡을 부쳐왔다. 따끈한 김이 피어오르는 빈대떡은 고소한 냄새로 청람루 마당을 가득 채웠다. 잠시 후, 동네 청년 하나가 들고 온 것은 삶은 옥수수였다. 하나둘 모여드는 발걸음에 마당은 이내 작은 잔칫집이 되었다.

상이 차려졌다. 막걸리가 흰 물결처럼 잔에 따라지고, 빈대떡은 잘라져 노릇노릇한 빛을 발했다. 김이 오른 전과 삶은 옥수수가 나란히 놓이자, 소박한 음식이 갑자기 축제의 진수성찬처럼 보였다. 웃음이 번지고, 잔이 오갔다. 누군가는 막걸리 맛이 옛집 어머니 손맛과 같다며 감탄했고, 또 누군가는 빈대떡이 세상 어떤 음식보다 귀하다며 농담을 던졌다.

바람이 마당 위로 흩어질 때, 기타 하나가 등장했다. 한 지인은 옛 노래를 조심스레 퉁기며 불렀다. 모두가 따라 불렀다. 젓가락으로 상을 두드리며 장단을 맞추는 이도 있었고, 아이들은 흙바닥 위를 무대 삼아 춤을 추었다. 별다른 장식도, 음향도 없었지만, 청람루 마당은 이미 작은 연회장이었다.

시간은 천천히 흘렀다. 누군가는 도시에서 겪은 고단한 일을 털어놓았고, 또 다른 이는 농사일의 희로애락을 나누었다. 이야기는 술잔과 함께 돌고 돌아, 어느새 모두의 마음을 따뜻하게 묶었다. 이웃과 벗, 가족이 뒤섞인 자리에서, 사람들은 더 이상 직업이나 나이를 구분하지 않았다. 모두가 '한 상에 둘러앉은 사람'이었다.

해가 뉘엿뉘엿 산 너머로 기울자, 잔치는 더 깊어졌다. 붉은 노을이 마당을 비추며, 막걸리 잔 속에도 불빛이 일렁였다. 강아지는 사람들 틈에 끼어 졸다가 깨어나 꼬리를 흔들었고, 닭들은 조용히 횃대 위로 올라가 고개를 파묻었다. 자연과 사람이 한 자리에 섞여, 더 이상 구분되지 않았다.

나는 속으로 중얼거렸다. 진정한 자연인은 홀로 숲에 숨어 사는 이가 아니다. 이렇게 사람들과 자연을 함께 품어내는 자리에서, 서로를 돌보는 이들이야말로 자연인이다. 청람루 마당은 어느새 자연과 사람의 경계가 사라진 작은 연회장이자, 공동체의 성전이 되었다.
 밤이 되어 달빛이 내려앉자, 우리는 잠시 말을 멈추고 하늘을 올려다보았다. 별빛은 샹들리에처럼 반짝이며 마당을 환하게 밝혀주었다. 그 아래에서, 우리는 모두가 초대받은 손님이자, 동시에 주인이었다.

나는 오늘도 다짐한다.
"자연은 홀로의 은둔처가 아니라, 모두의 잔칫집이다. 빈대떡과 탁주가 오가는 자리에서, 사람은 비로소 사람답게 웃는다."

트럭의 바퀴는 다시 도로를 달렸지만, 그날 일요일 오후의 작은 연회장은 내 마음 속에 오래도록 빛나고 있었다.

눈 내린 청람루의 밤

겨울밤, 청람루 위로 눈이 내렸다. 낮부터 내리던 가벼운 눈발은 해가 지자 더욱 두텁게 쌓였다. 산길은 이미 흰 장막으로 덮였고, 대숲 사이로 스며드는 바람마저 눈송이를 안고 들어왔다. 돌담 위, 지붕 위, 텃밭 위에 차곡차곡 내려앉은 눈은 세상의 모든 소음을 덮어버렸다. 마치 누군가 커다란 흰 천을 펼쳐 세상을 감싸 안은 듯, 청람루는 고요한 성전이 되어갔다.

마당의 닭들은 이미 횃대 위로 올라가 꼬리를 감췄고, 강아지는 불가 근처에 웅크려 작은 숨소리를 내고 있었다. 사람의 발자국조차 멈춘 밤, 오직 눈발만이 쉼 없이 내려앉았다. 나는 창문을 열고 한참 동안 그 풍경을 바라보았다. 흩날리는 눈송이 하나하나가 흰 시의 행처럼 흘러내렸다. 자연은 오늘, 거대한 시집 한 권을 나에게 건네고 있었다.

내 마음은 묘하게 평화로웠다. 낮에는 도로 위를 달리며 온갖 소음과 고단함 속에 살았지만, 밤이 되어 눈 내린 청람루에 앉아 있으니, 그 모든 것이 씻겨 내려가는 듯했다. 눈은 지상의 아픔을 감추어주고, 사람들의 상처마저 덮어주는 치유의 손길 같았다. 인간이 저지른 상흔조차 잠시 눈부신 침묵 속으로 삼켜졌다.

그러나 고요 속에도 사색은 멈추지 않았다. 진정한 고독은 외로움이 아니라, 자연의 품에 안겨 자신을 돌아보는 시간이다. 나는 이 고요한 눈발 속에서, 도로 위의 분노와 피로, 세상사의 번잡함을 반추했다. 마치 내 삶의 밑줄이 모두 지워지고, 흰 종이 위에 다시 시작할 수 있는 여백이 주어진 듯했다.

마루에 나가 의자에 앉으니, 눈송이가 어깨 위에 조용히 내려앉았다. 차갑지만, 금세 체온에 녹아내렸다. 사람의 삶도 이와 같지 않은가. 순간은 차갑고 무겁게 느껴지지만, 결국 따스한 가슴에 스며들어 흔적 없이 사라진다. 그러나 사라진 듯한 눈물과 땀은 결국 땅을 적시고, 다시 꽃을 피운다.

나는 작은 등잔불을 켜고, 노트 위에 한 줄을 적었다. "눈은 세상을 덮는 것이 아니라, 세상을 위로한다." 그 문장은 이내 눈발처럼 조용히 퍼져 나가 내 마음을 감쌌다. 문학은 결국 이런 것일지도 모른다. 고단한 현실 속에서 잠시 눈처럼 내려와, 삶의 거친 자국을 덮어주는 것.

밤이 깊어가자, 달빛이 구름 틈을 비집고 나왔다. 눈밭 위에 내려앉은 달빛은 마치 은빛 강물처럼 흘러내렸다. 청람루 마당은 작은 연회장이 아닌, 거대한 수묵화의 한 폭이 되어 있었다. 고요한 음악이 흐르는 듯, 별빛과 눈빛이 함께 어우러졌다.

나는 오늘도 다짐한다.
"눈은 단지 겨울의 장식이 아니라, 삶을 덮어주는 위로의 이불이다. 고단한 하루도 눈발 속에서 다시 새하얀 시작이 된다."

트럭의 바퀴는 잠시 멈추었지만, 눈 내린 청람루의 밤은 나의 가슴 속에서 여전히 흰 시로 쓰이고 있었다.

청람루에 찾아온 첫 매화

겨울은 끝이 없는 듯 보였다. 장심리 골짜기를 파고드는 바람은 여전히 매서웠고, 청람루 돌담 아래 웅크린 맹꽁이마저 아직 긴 잠에서 깨어나지 못했다. 눈이 녹은 자리엔 얼어붙은 흙덩이만 남아 있었다. 그러나 그날 아침, 나는 마당 한켠에서 뜻밖의 빛을 보았다. 오래된 매화나무 가지 끝에, 연둣빛 봉오리가 맺혀 있었던 것이다.

며칠 뒤, 봉오리는 마침내 하얀 꽃잎을 터뜨렸다. 겨울의 고요를 뚫고, 첫 매화가 청람루를 찾아온 순간이었다. 그 꽃은 작고 여리지만, 눈보라를 뚫고 나온 담대한 용기였다. 나는 한참을 그 앞에 서서 말없이 바라보았다. 매화 한 송이가 피어나자, 마당 전체가 환해지고, 마음 깊은 곳까지 밝아지는 듯했다. 희망은 언제나 가장 작은 것에서 시작된다는 사실을 매화가 보여주고 있었다.

그날 오후, 이웃들이 하나둘 모여들었다. 누군가는 텃밭에서 캐 온 파를 들고 왔고, 또 다른 이는 막걸리 한 병을 들고 찾아왔다. 마치 매화가 우리를 불러 모은 듯했다. 우리는 매화 앞에 둘러앉아 꽃을 바라보며 잔을 기울였다. 누군가는 말했다. "겨울을 버티면 봄이 오는구나." 또 다른 이는 "저 작은 꽃 하나가 사람 마음을 이렇게 밝히네" 하고 웃었다.

나는 그 말을 들으며, 매화가 단순한 꽃이 아니라는 걸 깨달았다. 그것은 겨울을 뚫고 피어난 생존의 선언, 고통을 견딘 끝에 도달한 희망의 은유였다. 트럭 위에서 맞닥뜨린 수많은 폭설과 빗길, 그리고 고단한 노동의 나날들 속에서도, 결국 다시 달릴 수 있었던 힘은 이 매화와 같은 작은 희망이었다.

밤이 되어 달빛이 매화 위로 내려앉자, 꽃잎은 더욱 눈부시게 빛났다. 나는 마루에 앉아 글을 적었다. 문학은 매화와 닮았다. 삶의 겨울을 뚫고, 작은 꽃잎 하나로 사람 마음을 밝혀주는 것. 글 한 줄이 누군가의 봄이 된다면, 그것이 곧 문학의 존재 이유일 것이다.

사람들은 하나둘 돌아갔지만, 매화는 여전히 그 자리에 있었다. 바람이 불어도 흔들리지 않고, 추위가 몰려와도 꽃잎을 굳건히 지켰다. 그 모습은 내게 큰 울림을 주었다. 자연은 늘 먼저 말하고, 인간은 그제야 귀 기울인다.

나는 오늘도 다짐한다.
"진정한 희망은 요란한 외침이 아니라, 겨울을 뚫고 핀 매화 한 송이처럼 조용히 피어난다. 봄은 기다리는 자에게 아니라, 버티는 자에게 온다."

트럭의 바퀴는 여전히 도로를 달리고, 청람루 매화는 봄의 첫 장을 조용히 열어주고 있었다.

청람루의 소나무·잣나무 숲 바람

청람루 뒤편에는 오래된 소나무와 잣나무 숲이 있다. 아침이면 안개가 숲 사이를 스미듯 내려앉고, 햇살은 바늘잎 사이로 흩어져 작은 별빛처럼 반짝인다. 이 숲은 청람루의 울타리이자 지붕이었다. 트럭 운행을 마치고 돌아와 눈을 감으면, 가장 먼저 귀에 스며드는 소리는 다름 아닌 숲 바람이었다.

소나무는 곧게 솟아 하늘을 찌르고, 잣나무는 묵직한 몸으로 땅을 붙잡고 있었다. 그 나무들 사이를 스치는 바람은 단순한 바람이 아니었다. 낮에는 긴 장탄식처럼 불어와 도시의 소음을 지워내고, 밤에는 잔잔한 자장가처럼 흘러 들어 지친 몸을 감싸 주었다. 나는 그 바람을 들을 때마다, 세상에 가장 오래된 악기는 숲이다라는 생각을 했다.

바람이 숲을 지나면, 소나무는 낮게 웅웅거리는 첼로가 되고, 잣나무는 깊은 울림의 더블베이스가 된다. 가지와 잎들이 서로 부딪히며 만들어내는 리듬은, 사람이 만든 그 어떤 교향곡보다 웅장하고도 따뜻했다. 나는 그 속에서 글을 쓸 때, 문장이 바람처럼 흘러야 한다는 걸 배웠다. 억지로 소리를 내지 않고, 자연이 스스로 말하도록 두는 것.

그러나 숲 바람은 단지 음악만이 아니었다. 그것은 삶을 일깨우는 설교이기도 했다. 바람은 소나무의 푸른 향기를 실어 나르며 말했다. 곧게 뻗어라, 흔들려도 부러지지 말아라. 잣나무의 바람은 더 깊고 무거운 목소리로 속삭였다. 뿌리를 깊이 내려라, 그래야 계절의 무게를 견딜 수 있다. 숲 바람은 나무의 교훈을 사람의 귀에 전해주는 해설자였다.

나는 트럭을 몰고 전국을 돌며 수많은 바람을 만났다. 고속도로의 매서운 맞바람, 항구의 짠내 나는 해풍, 산골짜기의 싸늘한 산바람…. 그러나 어디서도 청람루 숲의 바람만큼 마음을 흔드는 바람은 없었다. 그것은 단지 공기의 흐름이 아니라, 오래된 삶의 숨결이었다. 수십 년, 수백 년 동안 그 자리를 지켜온 나무들의 역사가 바람 속에 실려왔다.

어느 날, 나는 숲길을 거닐다 문득 멈춰 섰다. 나무 사이로 불어온 바람이 얼굴을 스치며 속삭였다. 그 순간 나는 깨달았다. 문학은 결국 숲 바람과 같다. 글은 나무처럼 묵묵히 서 있다가, 누군가의 마음을 스칠 때 바람으로 변한다. 그 바람이 독자의 가슴을 흔들면, 문장은 살아 움직이는 것이다.

청람루의 저녁, 숲 바람은 또 다른 얼굴을 보여준다. 해가 넘어가면 나무 그림자는 길게 늘어나고, 바람은 서늘하게 달라진다. 나는 그 바람을 맞으며, 세상의 번뇌가 조금씩 가라앉는 것을 느낀다. 숲 바람은 책상 위의 고단한 글을 다듬어 주는 편집자 같았다. 지나치게 무거운 단어는 날려버리고, 남아야 할 문장은 뿌리처럼 단단히 붙잡아 주었다.
 밤이 깊어 달빛이 숲 위로 쏟아질 때, 바람은 더욱 고요했다. 그 속삭임은 마치 오래된 시인의 낭송 같았다. 나는 그 소리에 귀를 기울이며 스스로에게 물었다. 나는 이 숲에 무엇을 남기고 있는가. 나의 글은 누군가의 바람이 되어 흐르고 있는가.

나는 오늘도 다짐한다.
"소나무는 곧게 서서 바람을 노래하고, 잣나무는 깊이 뿌리내려 바람을 품는다. 사람의 글도 그와 같아야 한다. 곧고 깊게, 바람으로 흘러야 한다."

트럭의 바퀴는 여전히 도로를 달렸지만, 청람루 숲 바람은 늘 내 귓가에 따라와, 나를 글로 이끄는 또 하나의 노래가 되어주었다.

청람루 현액판에 깃든 뜻

집에는 이름이 없었다. 다만 사람들은 그곳을 산골 움막, 혹은 농막이라고 불렀다. 그러나 그 부름은 늘 임시적이었고, 어딘가 허전했다. 한동안 고민하다가 나는 오래된 벗의 호를 떠올렸다. 문학평론가 청람 김왕식. 그의 삶과 글에서 묻어나는 청아한 기운, 맑고 푸른 울림이 내 삶에도 스며 있음을 부인할 수 없었다. 그래서 나는 당호를 빌려 **청람루(靑嵐樓)**라 정했다.

이름을 정하는 일은 단순한 호칭 붙이기가 아니었다. 그것은 삶의 좌표를 새기는 일이었다. 청람루라 불리게 된 순간, 이곳은 더 이상 농막이 아니었다. 문학과 철학, 우정과 성찰이 깃든 작은 서원이자 누각이 되었다.

나는 오래된 목재 한 조각을 찾아냈다. 세월의 흔적이 고스란히 묻은, 옹이와 금이 가득한 고재였다. 그 위에 조심스레 '靑嵐樓' 세 글자를 새겼다. 칼끝이 나무를 파고들 때마다 톱밥 가루가 흩날렸고, 그 속에서 내 마음 또한 정리되는 듯했다. 손끝은 서툴렀지만, 정성만은 깊었다. 글자가 완성되자 나는 그것을 입구에 걸었다. 순간 청람루는 비로소 하나의 집이자 누정으로 태어났다.

낡은 목재 현판이 햇빛에 반짝였다. 글자는 삐뚤빼뚤했지만, 그 속엔 삶의 흔적과 애틋함이 담겨 있었다. 지나던 이웃이 웃으며 말했다.
"어이쿠, 도산서원 현판 못지않습니다!"
나는 호탕하게 웃었다. 사실 마음속에서도 그와 다르지 않았다. 이 작은 농막의 현액판이, 어찌 보면 도산서원 못지않은 내 삶의 성전일 수 있지 않은가.

현판 하나 걸었을 뿐인데, 집은 달라졌다. 문턱을 넘는 발걸음도 조심스러워졌고, 글을 쓰는 자리마저 엄숙해졌다. 강아지가 짖고 닭이 우는 소리조차 청람루라는 이름 속에서 새로운 운율로 들렸다. 이름은 사소한 듯하지만, 존재를 바꾸는 힘이었다.

밤이 되자, 현판 위로 달빛이 내려앉았다. 오래된 목재에 새겨진 글자가 은빛으로 빛났다. 나는 그 앞에 서서 한참을 바라보다가 문득 생각했다. 사람도, 집도, 글도 결국 이름에 의해 완성된다. 이름이 방향이 되고, 방향이 곧 삶이 된다.

나는 오늘도 다짐한다.
"당호 하나가 집을 바꾸듯, 이름 하나가 삶을 바꾼다. 청람루라 부르는 순간, 이곳은 단순한 농막이 아니라, 사색과 우정의 서원이 된다."

트럭의 바퀴는 여전히 도로를 달렸지만, 입구에 걸린 현판은 내 삶의 뿌리이자 깃발처럼 청람루를 지키고 있었다.

제9 부
청람루의 사계절 일상

봄편

첫물 아욱

한뼘 자란 아욱잎 위로
이슬 한 방울이 심장을 두드린다
그늘을 견딘 연한 푸름이
바람을 끌어안고 자란다

손끝에 감기던 흙냄새
삶이란 결국
뿌리에서 올라오는 말 없는 힘

청람 시평
이슬은 생명의 맥박, 푸름은 인내의 결실이니
그늘을 견딘 생명에서 성숙을 본다.
흙냄새가 말하는 뿌리의 언어 속에서 봄은 소리보다 숨결로,
조용하지만 깊게 싹튼다.

노란 울음

짚 위의 둥지
껍질을 깨고 나오는 노란 생명
세상이 먼저 울음을 가르친다

햇살은 조용히 내려앉고
소란한 건 오히려
내 안의 놀람이었다

청람 시평
첫 울음은 세상과의 첫 대화요, 탄생의 떨림은 내면의 진동으로 번진다.
햇살의 고요 속에서 울음은 두려움이 아니라 존재의 선언이 되어,
작은 생명에서 우주의 숨결이 들린다.

트럭운전사 자연인 안최호 253

그늘 아래 버섯

짚더미 속 고요한 자리
하룻밤 사이 올라온 작은 흰 점
버섯은 아무 말도 하지 않았다

비가 지난 다음
조용히 돋아나는 것들이
세상을 붙들고 있다

청람 시평
버섯은 침묵의 생명, 화려함 없이도 세상을 지탱하는 꾸준함이다.
비 뒤의 회복처럼 고요 속에 지속되는 생을 바라보며,
작은 인내가 세계의 호흡을 이어 준다.

물소리 따라

돌 밑 어둠 속에서
다슬기 하나, 꿈틀거린다

물은 맑고
손끝은 천천히 움직인다
깊어지는 건 그릇보다
마음이다

청람 시평
돌 밑 어둠의 꿈틀거림은 생의 본능이며,
다슬기는 우리의 내면을 비추는 거울이다.
손끝의 느린 감각으로 영혼을 재듯,
깊어지는 것은 그릇이 아니라 마음이다.

달래국

풀향 담긴 비닐봉지
이웃의 손에서 건너온 인사

된장국 끓는 저녁
말 한 마디 없이
향이 먼저 밥상에 앉았다

청람 시평
달래국의 향은 온정의 언어로,
이웃의 손끝에서 공동체의 마음이 건너온다.
말보다 향이 앞서고 언어보다 정이 먼저 도착하며,
소박한 밥상은 결국 사람의 온도를 품는다.

여름편

장맛비

며칠째 퍼붓는 비
처마 밑 바람소리가 길다
무릎을 모으고 앉은 오후
말 대신 뜨거운 고구마 하나

밖은 소란했지만
안은 조용히 익어갔다

청람 시평
장맛비의 소란 속에서도 마음은 익어가고,
뜨거운 고구마 하나가 인내의 상징이 된다.
혼탁한 바깥과 고요한 안을 대비시키며,
성숙은 언제나 고요 속에서 자란다고 말한다.

트럭운전사 자연인 안최호

고추밭

해가 쨍하게 틈을 열면
고추가 붉어지기 시작한다

태우지 않고
묵묵히 익는 삶처럼
진한 것일수록
조용히 완성된다

청람 시평
붉음은 타오름이 아니라 절제가 만든 성숙이며,
고추는 묵묵한 완성을 상징한다.
뜨겁되 소리 없이 익어가는 삶을 찬미하며,
조용함이야말로 완성의 온도라 일러 준다.

낮잠

한낮, 멀리서 개울 소리
덥고 느린 시간 속
어디선가 들리는
잠꼬대 같은 숨소리

조용한 이 오후
그 자체로 충만했다

청람 시평
무위의 시간 속에 오히려 충만이 깃들고,
개울소리와 숨소리가 평화의 리듬을 만든다.
멈춤의 미학을 노래하며 행위보다 존재가 아름답다는 사실을,
이 고요한 오후가 증명한다.

장독

항아리 뚜껑을 여니
바람과 햇살, 침묵의 냄새가 난다

젓가락 한 번 휘젓는 동안
세월이 퍼져나간다

된장은 말보다 깊다

청람 시평
된장은 세월이 빚은 언어요, 침묵 속에 숙성된 인생의 맛이다.
젓가락 한 번에 시간이 풀리고,
깊음은 말이 아니라 기다림에서 온다는 걸 향기가 말해 준다.

오이꽃

담장 아래 핀 노란 꽃
누군가 "작년에 맛났지"라며 웃는다

그 말 하나에
여름이 통째로 담겼다

우린 수박을 나누고
하늘은 묵묵히 더웠다

청람 시평
한마디 웃음 속에 여름이 통째로 살고,
오이꽃의 노랑은 기억의 색이 된다.
작은 대화가 삶의 온기를 잇고,
더위마저 추억으로 익어가는 순간 일상은 시가 된다.

가을편

고구마

호미질 한 번에 드러나는
흙 속 숨결

잎은 시들었지만
단맛은 뿌리에 남았다

삶도 그렇게 묻힌 채
익어간다

청람 시평
땅속의 시간은 인내의 기록이라 겉은 마르고도 속은 달다.
묻힘 속에서 완성을 보는 시선으로,
삶의 익음이 고요한 땅에서 올라오는 겸허의 철학을 전한다.

벼

논머리에서 본 벼는
모두 고개를 숙이고 있었다

햇살은 부드럽고
바람은 등을 쓸어준다
겸손이라는 말이
가장 자연스러운 계절

청람 시평
벼의 숙임은 성숙의 표징으로, 익을수록 낮아지는 마음을 보여 준다.
햇살과 바람의 온순한 조화 속에서 가을은 감사의 계절이 되고,
자연은 윤리의 스승이 된다.

트럭운전사 자연인 안최호

국화

국화 한 다발을 안고 오니
집 안에 가을이 머물렀다

말하지 않아도
꽃은 꽃의 언어로
하루를 물들인다

청람 시평
국화의 향기는 침묵의 언어, 말보다 마음을 먼저 전한다.
절제된 품격이 하루를 물들이듯, 고요한 향이 가을의 숨결을 길게 남긴다.

말리는 일

햇살 따라 버섯을 늘여놓는다
성급하면 곰팡이가 피고
조급하면 향이 날아간다

말리는 일은 기다리는 일
기다리는 일은 사랑하는 일

청람 시평
말림은 곧 기다림의 다른 이름이고,
시간을 견디는 법이 사랑의 기술이 된다.
조급함은 향기를 잃게 하지만 인내는 마음을 익히며,
시간 자체가 철학이 된다.

단풍

뒷산 단풍이 익어간다
지운다는 건 사라짐이 아니라
제 색을 찾는 일

떨어진 잎 하나
책갈피에 눌렀더니
계절이 묻어 있었다

청람 시평
낙엽은 소멸이 아니라 회귀이며,
단풍의 붉음은 제 색을 찾아가는 여정이다.
잃음이 정화로 바뀌는 순간,
책갈피의 잎은 시간의 증표가 되어 떠남의 품격을 가르친다.

겨울편

눈

첫눈 덮인 마당
고요함이 마치
누군가의 기도가 내려앉은 듯했다

숨조차 하얗게 보이던 날
그 옆에 조용히 앉아
안부를 전했다

청람 시평
첫눈은 세상의 기도처럼 내려 영혼을 정화한다.
하얀 침묵 속에서 안부 한마디가 마음을 녹이고,
겨울은 순결한 기도문이 된다.

트럭운전사 자연인 안최호 267

김장

배추를 쪼개면
한 해가 반으로 갈라진다

젓갈, 마늘, 고춧가루
냄새로 말을 튼다
겨울은 그렇게
속부터 따뜻해진다

청람 시평
김장은 공동체의 손맛이요, 냄새는 언어보다 따뜻한 대화가 된다.
배추 한 포기에 한 해가 갈라지고 이어지며, 겨울의 추위는 사람으로 녹는다.

볕

창가 볕이
빈 자리를 지킨다

잠든 존재 하나
숨결에 안도와 계절이 묻어난다
말없이 가까이 있을 것
그게 다였다

청람 시평
볕은 존재의 손길로 부재의 자리를 빛으로 채운다.
가까이 있음이 사랑의 본질이기에, 말없는 곁이 가장 큰 위로가 된다.

버섯 창고

열어두었던 문
닫기 전 잠깐 들여다본다

버섯은 아직 작지만
온기 안에서
조금씩 자라고 있었다

침묵의 기술, 기다림의 시간

청람 시평
버섯은 인내의 비유, 작지만 온기 속에서 자란다.
침묵이 성숙의 언어가 되어 기다림이 곧 성장임을,
조용한 시간의 결로 증명한다.

장작

불꽃은 조용히 타올랐다
어둠이 물러가고
고구마가 익어간다

말보다 온도가 먼저
우리 사이를 데운다
불이 아니라
사람이 따뜻한 저녁

청람 시평
장작불은 마음의 온도라 불이 아니라 사람이 저녁을 덥힌다.
말보다 온기가 관계를 완성하며,
사람 사이의 불빛이 삶의 힘이 되어 청람루의 밤을 태운다.

트럭운전사 자연인 안최호

말 없는 삶의 시학, 청람루의 사계절

문학평론가 김왕식

들어가는 말

청람루에는 오르내리는 삶의 이야기가 없다.
단단한 서사나 시대적 투쟁도 없다.
그 대신 하나하나의 존재와 풍경이 '시'의 이름으로 조용히 살아간다.
바로 이것이 《청람루의 사계절 일상》의 가장 위대한 아름다움이다.
이 시편들은 목청보다 숨결을, 장면보다 여백을 택한다.
그 안에서 우리는 자연과 사람 사이에 깃든 존중의 미학,
그리고 소리 없이 흐르는 시간의 감각을 만나게 된다.

봄

청람루의 봄은 작고 미세한 움직임에서 출발한다.
모든 생명이 아직 말 대신 기척으로 존재할 때,
그 고요한 신호를 받아적는 시인의 시선은 섬세하면서도 단단하다.
예를 들어, 〈그늘 아래 버섯〉에서는 이렇게 말한다.

"버섯은 아무 말도 하지 않았다 / 비가 지난 다음 / 조용히 돋아나는 것들이 / 세상을 붙들고 있다"
여기서 봄은 단순한 계절적 시작이 아니라
'존재의 시작이 조용함에서 온다'는 실존의 은유가 된다.
시인은 생명의 출현을 요란한 꽃망울이 아닌
"물속 생명을 어루만지는 손끝"으로 설명한다.
세상은 그렇게, 가장 작은 떨림에서부터 깨어난다.

여름

여름은 삶의 격렬한 진동이 아니라,
조용한 발효와 기다림의 시간으로 묘사된다.
장맛비, 뜨거운 볕, 숨 가쁜 일상—
그러나 그 모든 것들은 '지나간다'는 전제를 가진 고요함 속에 놓인다.
특히 〈장독〉은 여름의 정체성을 이렇게 정의한다.

"젓가락 한 번 휘젓는 동안 / 세월이 퍼져나간다 / 된장은 말보다 깊다"

여름은 가장 뜨거운 계절이지만,
이 시 속 여름은 무르익음과 숙성의 계절이다.
삶의 격렬함은 발효되고, 침묵은 맛이 된다.
또한 〈낮잠〉에서처럼
강아지의 숨소리나 한낮의 정적은
삶의 가장 깊은 평화로 승화된다

가을

가을 시편들은 계절의 전형적 풍경 속에서도
유별나게 '겸손'이라는 단어를 조용히 강조한다.
벼가 고개를 숙이고, 고구마가 흙 속에서 드러나는 그 순간,
시인은 그 안에서 스스로 낮추는 존재의 자세를 읽어낸다.
〈벼〉는 이렇게 말한다.

"벼이삭은 묵직하게 고개를 떨군다 / 겸손이라는 말이 / 가장 자연스러운 계절"

가을은 수확의 계절이 아니라,
자신을 덜어내고, 물러서는 계절이라는 인식이
시 전체에 스며 있다.
〈단풍〉에서는 또 다른 사유가 이어진다.

"지운다는 건 사라짐이 아니라 / 제 색을 찾는 일"

무르익는 것은 무너짐이 아니라, 존재의 진실을 드러내는 과정이다.
이러한 감각은 단풍과 낙엽이라는 자연 소재를 빌려
삶의 후반부를 따뜻하게 사유하게 한다.

겨울

겨울은 언어보다 온기, 묘사보다 침묵의 감각이 우세하다.
시인은 굳이 감정을 표하지 않고,
불빛, 김치, 버섯 창고, 장작불처럼
자연스럽게 머무는 사물에 기대어 감정을 녹인다.
가령 〈버섯 창고〉는 이렇게 말한다.

"버섯은 아직 작지만 / 온기 안에서 / 조금씩 자라고 있었다 / 침묵의 기술, 기다림의 시간"

이 겨울편의 시편들에는 기다림, 준비, 비움의 미덕이 흐른다.
모든 삶은 겉으로 드러나는 찬란함보다,
숨겨진 따뜻함으로 완성된다는 메시지가 일관된다.
마지막 시 〈장작〉에서는 이렇게 맺는다.

"불이 아니라 / 사람이 따뜻한 저녁"

시인은 결국 '불'이 아니라 '사람'이 남는다고 말한다.
가장 소박한 언어로,
가장 깊은 휴머니즘을 건네는 대목이다.

삶의 시학

《청람루의 사계절 일상》은 문학의 화려함이나 감정의 고조를 경계한다.
대신 이 시들은 매일같이 반복되는 삶의 순간들을
가만히 바라보고, 조용히 받아쓰고, 천천히 되새긴다.
우리는 이 시들 속에서
생명이란 커다란 목소리로 존재를 증명하지 않고,
자리를 지키고, 묵묵히 피어나며, 조용히 사라진다는 진실을 깨닫게 된다.
각 시는 짧지만,
그 안에는 "가르치려 하지 않으면서도 사람을 바꾸는 언어"가 있다.
시인은 닭이나 강아지보다, 볕과 바람, 흙과 침묵에 더 귀 기울이며
삶을 말보다 '눈빛'과 '숨결'로 번역한다.

마무리

이 시는 우리에게 말한다.
"삶이 특별하지 않아도, 시가 될 수 있다"고.
그것은 높은 데 있지 않고,
청람루처럼 낮고, 조용한 곳에 있을 수 있다는 것을.
《청람루의 사계절 일상》은 시가 아니다.
삶 자체가 시였음을 증명하는 과정이다.
이 시들이 우리에게 오래 남는 이유는
"조용한 말이 가장 깊은 곳을 데운다"는 믿음 때문이다.

에필로그

나는 자연인이다

트럭운전사 자연인 안최호의 삶의 가치철학과 작품의 미의식

문학평론가 청람 김왕식

서론
인간의 얼굴을 찾아서

문학은 결국 인간을 지키는 일이다. 그러나 오늘날 우리는 점점 그 얼굴을 잃어간다. 권력의 언어는 눈물을 통계로 바꾸고, 자본의 언어는 고통을 숫자로 환산하며, 디지털의 언어는 표정 없는 기호로 인간을 대체한다. 거리의 소음은 많아졌으나 정작 사람의 목소리는 사라지고, 네온사인의 빛은 강해졌으나 그 안에서 사람의 얼굴은 흐릿해진다. 이 시대에 문학이 서야 할 자리는 어디인가. 문학은 여전히 잊힌 얼굴을 다시 불러내야 하고, 사라진 목소리를 기록해야 하며, 통계와 숫자 뒤에 감춰진 인간의 고유한 체온을 되살려야 한다.

안최호의 삶은 그 자체로 이러한 문학적 증언이다. 그는 리비아 사막에서 생사의 경계에 섰다. 한낮에는 불덩이 같은 태양이 모래를 녹이고, 한밤에는 얼음 같은 바람이 뼛속까지 스며드는 땅에서 추락한 기체 속 수많은 생명을 마주했다. 그 순간 그는 망설이지 않았다. 불길에 휩싸인 동체 속에서 사람들을 끌어낸 것은 영웅심이나 명예욕이 아니라 단순하고 본능적인 결단이었다. "망설이지 않았을 뿐이다." 그는 나중에 이렇게 고백했다. 그러나 바로 그 망설이지 않음이 인간을 인간답게 하는 순간이었다. 사막은 그에게 삶을 지탱하는 것은 거창한 구호가 아니라 곁의 생명을 붙드는 짧은 손길임을 가르쳐주었다.

이후 그는 정치의 복도로 들어섰다. 대리석 바닥과 화려한 조명으로 빛나는 그곳은 겉으로는 국가의 중심처럼 보였지만, 실제로는 사람의 얼굴을 지워내는 언어가 지배하고 있었다. 농민의 한숨은 '정책 실패'라는 건조한 용어로 환산되었고, 가정의 붕괴는 '이슈'라는 정치적 계산으로 축소되었다. 절규는 '여론'이라는 이름으로 포장되고, 눈물은 수치로 기록되었다. 언어가 인간을 살리지 못할 때, 언어는 폭력이 된다. 그는 그 속에서 숨을 쉴 수 없었다. 정치의 언어가 인간의 얼굴을 지워갈 때, 그 자리를 떠나는 것은 선택이 아니라 필연이었다.

그가 새로 선택한 길은 도로였다. 대형 트럭의 운전석에 앉아 철골과 시멘트, 교과서와 꽃다발을 실으며 달리는 길 위에서, 그는 다시 사람을 발견했다. 철골은 노동자의 땀방울이었고, 교과서는 아이들의 꿈이었으며, 꽃다발은 한 가정의 기쁨이었다. 도로는 단순한 물류의 흐름이 아니라, 사회를 지탱하는 얼굴들의 행렬이었다. 국회 복도에서는 숫자로 환산되던 이들이, 도로 위에서는 살아 있는 눈빛으로 그에게 다가왔다.

또한 그는 자연 속에서 인간의 자리를 새삼 배웠다. 비가 쓸어간 밭, 무너진 비닐하우스, 고요히 서 있는 나무와 흐르는 강. 자연은 인간을 환대하지 않았지만, 겸손히 고개를 숙일 때 비로소 품어주었다. 자연은 그에게 말없이 가르쳤다. 기다림이란 된장의 발효에서, 겸손은 벼이삭의 숙인 고개에서, 진실한 색은 단풍잎의 마지막 불빛에서 배울 수 있다는 것을.

이 책은 결국 그의 여정의 기록이다. 사막에서의 결단, 정치에서의 환멸, 도로 위의 노동, 자연의 겸손, 그리고 그것을 문학으로 번역한 작은 성실. 이 다섯 개의 궤적은 단순히 한 사람의 삶을 그린 것이 아니다. 그것은 우리 시대의 잊힌 얼굴들을 복원하려는 문학적 증언이자, 동시에 인간학적 성찰이다. 인간의 얼굴을 다시 찾는 일, 그것이 바로 문학의 본질임을 안최호의 삶은 증명하고 있다.

본론
길 위에서 다시 만난 얼굴들

1. 사막
결단의 원형

리비아 사막은 인간을 시험하는 가장 극한의 공간이었다. 낮에는 불덩이 같은 열기가 대지를 태우고, 밤에는 얼음장 같은 한기가 뼛속까지 스며들었다. 그곳에서 안최호는 삶과 죽음의 경계를 마주했다. 추락한 기체, 불길에 휩싸인 동체, 구조를 기다리던 수많은 이들의 눈빛. 누구도 예상하지 못한 그 순간에 그는 한 가지 선택만 할 수 있었다.

"망설이지 않았을 뿐이다. 그러나 그 순간, 인간은 인간이 된다."

그는 망설이지 않았다. 맨손으로 뜨거운 철판을 뜯고, 타들어 가는 기체 속으로 몸을 던졌다. 영웅적 욕망이 아니라, 곁의 생명을 붙드는 결단이었다. 그 순간 그는 영웅이 아니라 인간이었고, 바로 그 사실이야말로 인간 존재의 근원적 진실이었다.

문학적으로 이 사건은 '결단의 은유'다. 인생은 예기치 못한 추락으로 가득하다. 그리고 그 순간 필요한 것은 손익의 계산이 아니라 짧은 결단이다. 곁의 손을 붙드는 짧은 선택이 인간을 인간답게 한다. 사막에서의 체험은 그의 삶을 갈라놓았고, 문학의 출발점이 되었다.

2. 정치
언어의 폭력과 인간의 상실

사막의 불길을 지나온 그는 정치의 복도로 들어섰다. 대리석 바닥과 화려한 조명, 권력의 회랑은 언뜻 웅장했지만, 곧 허망한 것을 드러냈다. 그 안에서 울려 퍼지는 언어는 사람을 살리는 언어가 아니었다. 오히려 사람을 지우는 언어였다.

농부의 한숨은 '농정 이슈'로 축소되었고, 가계의 붕괴는 '정책 실패'라는 건조한 말로 대체되었다. 절규는 '여론'으로 포장되고, 눈물은 통계 수치로 치환되었다. 언어가 인간을 살리지 못할 때, 언어는 폭력이 된다. 정치의 언어는 그 폭력의 얼굴을 하고 있었다.

"민중의 한숨은 표 계산으로 환산되었다."

그가 복도를 떠난 이유는 현실적 손익의 문제가 아니었다. 안정된 자리를 지키는 것보다 더 두려웠던 것은 인간의 얼굴을 잃는 일이었다. 정치의 언어가 인간을 지워버릴 때, 그는 숨을 쉴 수 없었다. 떠남은 선택이 아니라 필연이었다.

이 경험은 문학의 방향을 선명히 했다. 문학은 제도의 언어에서 시작되지 않는다. 문학은 사람의 표정과 주름, 목소리와 눈빛에서 시작된다. 정치가 인간을 숫자로 환산할 때, 문학은 한숨을 기록한다. 정치가 절규를 여론이라 부를 때, 문학은 그 절규를 살아 있는 언어로 번역한다.

3. 도로
노동 속에서 다시 찾은 인간

정치의 복도를 떠난 그가 만난 세계는 도로였다. 대형 트럭의 운전석은 화려한 권력의 중심과는 정반대의 자리였다. 그러나 그곳은 오히려 인간의 얼굴이 가장 선명히 드러나는 자리였다.

트럭에 실린 화물은 단순한 물건이 아니었다. 철골은 노동자의 땀이었고, 교과서 상자는 아이들의 미래였으며, 꽃다발은 한 가정의 기쁨이었다. 쌀 포대 하나에도 가족의 밥상이 들어 있었다. 트럭은 자본의 수단이 아니라 인간의 삶을 옮기는 그릇이었다.

정치에서 지워진 얼굴들이 도로 위에서는 살아 있었다. 항만에서 만난 하역 노동자의 손, 휴게소 아르바이트생의 눈빛, 시멘트 먼지 속 노동자의 한숨. 그 모든 것이 그의 눈에는 한 편의 시이자 소설이었다.

엔진의 리듬과 라디오의 노랫소리가 합쳐져 하나의 교향시가 되었고, 휴게소의 국밥 한 그릇은 노동의 서사시가 되었다. 그는 깨달았다. 사회를 움직이는 힘은 권력의 계산이 아니라 묵묵히 살아가는 사람들의 성실이었다. 도로는 그의 문학이 다시 태어난 무대였다.

4. 자연
겸손과 공존의 미학

그러나 인간의 얼굴만으로는 삶이 온전히 설명되지 않는다. 자연은 그에게 또 다른 차원의 교훈을 주었다. 폭우는 밭을 쓸어버렸고, 바람은 설계해 둔 비닐하우스를 무너뜨렸다. 산은 인간의 소란을 묵살했고, 강물은 다리마저 잠식했다. 그러나 그 무심함 속에서 그는 배웠다. 자연과 살아가는 일은 소유가 아니라 공존이며, 지배가 아니라 겸손이었다.

그는 산나물을 캘 때 흙을 덮어주었고, 샘물을 길어올 때는 오염을 남기지 않았다. 이 작은 습관 속에서 자연을 소비하지 않고 동행하는 철학이 드러났다.

자연은 침묵의 언어로 가르쳤다. 아욱의 이슬은 의연함을, 장독대의 발효는 기다림을, 단풍은 자신을 지우며 제 색을 찾는 법을, 겨울 버섯 창고의 정적은 '아직 자라지 않아도 이미 살아 있다'는 진실을 보여주었다.

"겸손은 패배가 아니라 공존의 시작이다."

자연은 그에게 윤리적 기둥이 되었다. 인간의 얼굴을 지키는 문학은 자연과의 공존 속에서 뿌리를 내렸다. 겸손은 패배가 아니라 살아남는 지혜였고, 그의 문학은 그 지혜를 담아내는 언어였다.

5. 문학
작은 성실의 기록

사막에서의 결단, 정치에서의 환멸, 도로 위의 발견, 자연의 교훈. 이 모든 경험은 하나의 강물처럼 모여 그의 문학이 되었다. 그의 글은 화려하지 않았다. 감정의 고조도, 수사적 장식도 없었다. 대신 조용한 기록, 담담한 문장, 작은 성실이 있었다. 그러나 바로 그 담담함 속에 가장 큰 울림이 담겼다.
그는 교훈을 강요하지 않았다. 대신 독자가 스스로 깨닫도록 여백을 남겼다. 글 속에 등장하는 얼굴과 풍경은 한 사람의 기록처럼 보이지만, 독자는 그 속에서 자기 얼굴을 발견한다.

"세상을 지탱하는 것은 거대한 구호가 아니라, 오늘 내가 묵묵히 해낸 작은 성실이다."

그의 문학은 영웅서사가 아니었다. 밭을 갈고, 트럭을 몰고, 숲길을 걷는 일상의 언어로 쓰였다. 그러나 바로 그 언어가 사람을 가장 깊이 움직였다. 사회를 움직이는 진짜 힘은 권력의 계산이 아니라 이름 없는 사람들의 성실임을 증언했기 때문이다.

결국 그의 문학은 이렇게 결론 맺는다. 문학은 인간의 얼굴을 지키는 일이다. 사막에서도, 정치의 복도에서도, 도로와 숲에서도 그는 그 얼굴을 잃지 않았다. 그리고 독자에게 묻는다. "당신은 오늘 어떤 얼굴을 지켰는가?"

결론
작은 성실이 세상을 지탱한다

안최호의 삶은 표면적으로 보면 극적이다. 리비아 사막에서의 결단, 정치의 복도에서 맛본 환멸, 도로 위의 묵직한 무게, 자연 속에서 배운 겸손. 각각의 장면만 떼어 놓고 본다면 하나의 영화처럼 장대한 서사로도 충분하다. 그러나 그의 삶을 끝까지 따라가 보면, 모든 여정은 결국 하나의 문장으로 모인다.

"사람을 잊지 않는 삶."

그는 어떤 순간에도 사람을 먼저 떠올렸다. 사막에서 불길에 휩싸인 기체 속에서 그는 계산하지 않았다. 곁에 있는 이들을 살리는 일이 가장 먼저였다. 정치의 복도에서 언어가 사람의 얼굴을 지우는 순간, 그는 그 자리를 떠났다. 도로 위에서는 화물에 얹힌 땀과 눈물을 보았고, 숲과 강에서는 인간의 한계를 겸손히 받아들였다. 모든 여정의 출발과 도착은 사람이었다.

그의 문학은 화려하지 않다. 그러나 그 담담함 속에 진실이 있다. 그는 영웅처럼 서지 않았고, 교훈을 강요하지도 않았다. 대신 길 위에서 만난 얼굴들을 기록했다. 노동자의 손, 농부의 주름, 아이의 웃음, 강아지의 숨결, 계절의 고요. 그 모든 것을 그는 거창한 언어가 아니라, 일상의 문장으로 옮겼다. 그러나 그 문장은 독자에게 깊은 울림을 남겼다. 왜냐하면 그것이 꾸밈이 없는 성실의 기록이었기 때문이다.

《나는 자연인이다》는 그래서 단순한 자서전이 아니다. 그것은 한 사람의 회고록을 넘어선다. 이 책은 한 시대를 관통하는 인간학적 문학이며, 동시에 삶의 철학서다. 사막에서도, 정치의 복도에서도, 도로와 숲에서도 그는 인간의 얼굴을 잃지 않았다. 그리고 이제 독자는 그의 글을 통해 잊었던 자기 얼굴을 다시 발견하게 된다.

그의 문학이 지향하는 바는 크고 요란한 구호가 아니다. 세상을 지탱하는 힘은 화려한 담론이나 제도의 언어가 아니라, 오늘 내가 묵묵히 해낸 작은 성실이라는 사실. 트럭의 운전대 위에서, 밭고랑을 걸으며, 장독대 앞에서 그는 그 진실을 몸으로 증언했다. 작은 성실이야말로 가장 오래 남는 힘이며, 그 힘이 우리를 인간답게 만든다.

이 결론은 단순히 개인의 인생 철학을 넘어, 우리 시대가 다시 새겨야 할 진실이다. 권력은 사람을 지우고, 자본은 삶을 계산하고, 디지털은 얼굴 없는 기호를 만들어내는 시대. 그러나 결국 세상을 버티게 하는 것은 통계나 알고리즘이 아니라, 묵묵히 땀 흘리는 한 사람의 성실, 곁을 향한 작은 배려다.
안최호의 글은 독자에게 묻는다. "당신은 오늘 어떤 얼굴을 지켰는가?" 이 질문은 가볍지 않다. 그것은 삶의 방향을 되묻는 물음이며, 동시에 문학의 존재 이유를 되새기는 물음이다. 그의 삶과 문학이 우리에게 전해 주는 가장 큰 메시지는 결국 이것이다.

"삶이 특별하지 않아도, 사람을 잊지 않는 순간이 삶을 특별하게 만든다."

그의 문장은 낮지만 멀리 가는 목소리로 남아 있다. 그것은 세상의 요란한 언어에 눌리지 않는 조용한 힘이다. 《나는 자연인이다》는 독자에게 화려한 감동을 강요하지 않는다. 대신 사막의 불길, 도로의 소음, 숲의 침묵 속에서 작은 성실이 지켜낸 얼굴들을 하나하나 보여준다. 그 얼굴들은 독자에게도 자기 얼굴을 되찾게 한다.

결국 이 책이 남기는 결론은 단순하면서도 위대하다. 세상을 지탱하는 것은 작은 성실이다. 그 작은 성실이 모여 역사가 되고, 문학이 되고, 인간이 된다. 사막에서, 정치의 복도에서, 도로와 숲에서 그는 끝내 사람을 잊지 않았다. 그리고 이제 그 기억은 독자 속에서 다시 살아난다.

청람 김왕식